Good Ciao

Recipes Embracing the Flavors of Tuscany, Umbria and the Pacific Northwest

by
Roberto Russo

with Kathryn Hilger Kingen

Published in Italy by Roberto Russo
www.goodciao.com

First Edition, c/o The Italian Culinary Institute, New York, NY

Tuscany and Umbria content Copyright © 2007 by Roberto Russo
Recipes by Roberto Russo
Location: Parco Fiorito, Tuoro sul Trasimeno, Italy, info@parcofiorito.com
All Recipe Photos by Jean-Pierre Duval except for the following: pages 27, 41, 53, 63, 89, photos by Slava Petrakov.
All Parco Fiorito photos by Jean-Pierre Duval except for the following: pages 15 (top right) and 17 (bottom right and left), photos by Simone Gallorini. Page 9, photo by Mina Williams. All Ceramic Plates from L'Antico Cocciaio, via Benedetti, 24 Via Nazionale, 69 Cortona (AR), owner: Fiorella Quitti Sciarri, except for the following pages: 27, 41, 53, 63, 89.
Editorial Director: Paolo Villoresi
Editor: Cristabelle Tumola
Contributing Editor: Mina Williams
Additional Editing by Elisa della Barba, Lauren Battaglia and Jaclyn Mastin
Translations by Lauren Battaglia, Christopher O'Leary and Stephanie Wells
Designer: Nathaniel Harrison

Pacific Northwest content Copyright © by Kathryn and Gerald Kingen
Location: Salty's Restaurants, Pacific Northwest, U.S.A., www.saltys.com
Recipes by Kathryn Kingen, Jeremy McLachlan, Gabriel Cabrera, Dana Cress and Jane Gibson
All Photos pages 152-179, by Ilya Moshenskiy, except for the following: page 171, photo by Kate Baldwin; page 185, photos courtesy of the Hazelnut Marketing Board (bottom center), the Northwest Cherry Growers (top left) and the Washington Asparagus Commission (bottom left). Pages 187 and 189, photos by Mina Williams. Pages 190 and 191, photos of Redondo and Alki by Amy Leonard, photo of Columbia by Martin Bydalek.
Editorial Director: Mina Williams
Food Editors: Jeremy McLachlan and Cynthia Dodge Smith
Recipe Testing: Celeste Stubner and Sandee Harvey
Cover Design: Cynthia Dodge Smith

ISBN # 978-0-9663135-1-2

Printed in Italy

A mia nipote Sofia Maddalena
Felice del Tuo arrivo fra noi

To Eileen Mintz
Grazie for bringing us together

Foreword

*G*ood Ciao! It's a name that somehow aptly describes the essence of this book. It is both English and Italian. It's about the meeting and greeting of friends so happy to see one another. It says good food and good feelings and hopefully puts a smile on your face. Yes, it is all here, and here is why.

My husband Gerry and I have had the good fortune of meeting the very endearing Roberto Russo. He came into our lives during one of his culinary tours to our hometown of Seattle. Wanting to extend some Northwest hospitality, at Eileen Mintz's suggestion, Gerry and I held a winemaker's dinner at our restaurant, Salty's on Alki Beach, to feature Roberto's fabulous Tuscan and Umbrian cuisine paired with wines from his region. The evening titled "Under the Alki Moon," was a deliciously huge hit. Most importantly we made a friend and a promise to visit him at his beautiful Parco Fiorito farm on the Tuscan/Umbrian border, just outside the city of Cortona.

When we did travel to Italy with our family and friends, it did not take us long to realize that our time with Roberto would become one of our most favorite experiences. The views, the food, the warmth of the Italian countryside cannot be matched. Roberto's agriturismo is a piece of paradise. While the restored 16th century convent serves as a focal point and gathering spot for overnight guests, the charm of the countryside extends across Parco Fiorito's 50 acres. All fruit needed for his wine and olive oil is grown on the property, which Roberto then crushes

Prefazione

*G*ood Ciao! Si intitola cosi perché cerca di descrivere in modo semplice l'essenza di questo libro. È scritto sia in inglese che in italiano, e narra l'incontro di amici che sono contenti di rivedersi. Significa anche buon cibo e buon sentire e sicuramente farà apparire un sorriso sul vostro viso. Si, questa è la sintesi ed il perché di questo libro.

Mio marito Gerry ed io abbiamo avuto la fortuna di incontrare Roberto Russo, una bella persona che suscita affetto. Lui è entrato nelle nostre vite durante uno dei suoi viaggi culinari nella nostra città di Seattle. Volendo essere ospitali come lo siamo noi del Nord-Ovest, su suggerimento di Eileen Mintz, Gerry ed io abbiamo deciso di organizzare una cena nel nostro ristorante Salty's, sulla spiaggia di Alki da cui si gode la migliore vista di Seattle, con un produttore di vino per dare così risalto alla cucina Tosco-Umbra di Roberto accompagnata dai vini della sua regione. La serata intitolata "Sotto la luna di Alki" fu un grande e delizioso successo. Ma la cosa più importante è che abbiamo scoperto in lui un amico e ci siamo ripromessi di andarlo a trovare nella sua tenuta, Parco Fiorito, vicino a Cortona che è sul confine tra Toscana ed Umbria.

Quando andammo in Italia con i nostri amici e la nostra famiglia, non ci mettemmo molto a capire che il tempo trascorso con Roberto sarebbe diventato una delle nostre migliori esperienze. E cosa dire del cibo che non teme confronti? L'agriturismo di Roberto è un

Seattle restaurateurs Kathryn and Gerry Kingen in the setting sun of Tuscany at Parco Fiorito.

Kathryn and Gerry Kingen, pro- prietari del Ristorante Salty's in un tramonto toscano di Parco Fiorito.

From the dining room at Salty's on Alki Beach, guests have a magnificent view of Seattle's skyline.

La magnifica vista dalla sala da pranzo del Ristorante Salty's ad Alki Beach, Seattle.

and bottles with pride. The ingredients he cooks with are organically grown in the area, and the meats he serves are cured from the farm's own livestock. Simply magnificent!

Even with the common threads of cooking and cuisine always present, Roberto's primary focus is always on the experience of the guest. Roberto's divine rural hospitality has the most amazing way of making you feel that you have come home when you visit him in Italy. It starts when you awaken to the wind blowing the curtains in the morning breeze and with the cacophony of sounds of farm birds singing in the day. It continues with a delicious Italian organic breakfast on the stunning veranda with its ceiling of a lattice of grapevines. The view is of the expansive vista of the Italian countryside. While all this is a superb start to your day, none of it compares to the greeting from Roberto. He has a way of making everyone feel that they are his most favorite guest. We were thrilled by his warmth and sincerity and struck by the parallel of what we are trying each day to create in our restaurants. The very name of our company is Happy Guests and our motto is A Happy Guest Is Our Success. Roberto lives it and we work our hardest in our Salty's restaurants to achieve this in every aspect of our guests' experience whether they are at Alki Beach in Seattle, Redondo Beach in Des Moines, Washington, or on the Columbia River at our restaurant in Portland, Oregon.

A dear friendship has created a bridge between us and now we have traveled back and forth between

angolo di paradiso. Questo convento del XVI secolo oltre ad essere una dimora piacevolissima, emana il suo fascino su tutta la proprietà circostante. I 50 ettari di Parco Fiorito sono ricchi di ogni ben d'Iddio, che viene usato per cucinare le imbattibili ricette di Roberto. Magnifico!

Il maggiore impegno di Roberto è sempre incentrato sull'esperienza dell'ospite. L'ospitalità squisita di Roberto ti fa sentire a casa tua, anche quando ne sei lontano.

L'esperienza ha inizio fin da quando ci si sveglia con la brezza mattutina e il canto degli uccellini. Poi, la prima a colazione, che diventa squisita grazie alla veranda con travi a vista e al panorama che spazia su tutta la campagna. Questo è un bellissimo inizio di giornata ma mai paragonabile al saluto di Roberto. Lui tratta in modo speciale i suoi ospiti e si sente speciale. Siamo stati colpiti dalla sua sincerità e dal suo calore, le stesse emozioni che proviamo a ricreare nei nostri ristoranti. Il nome della nostra azienda è Ospiti Allegri (Happy Guests) e il nostro motto è: "Un ospite allegro è il nostro successo." Roberto ci riesce e noi lavoriamo duro perchè, nei ristoranti di Salty's, i nostri ospiti vivano le stesse emozioni. Poco importa se il ristorante è a Seattle o a Des Moines, Washington o a Portland.

Questi sentimenti nei confronti di Roberto hanno creato un'amiciza e un ponte tra Seattle e Italia, indirizzando i nostri chef e amici a visitare Parco Fiorito. Abbiamo unito i due continenti tramite la cucina, sia a

Seattle and Italy, sending our chefs and friends to visit Parco Fiorito. We have cooked together on both continents, in our homes and in our restaurants. We have been students at cooking classes with Roberto in Italy, as part of the Parco Fiorito experience, as well as having him teach and cook with our restaurants' chefs in Seattle. While enjoying this cookbook, we invite you to travel over our bridge and enjoy this unique friendship based in the love of food.

City hospitality and country hospitality, friends meeting, greeting and ciaoing that is what this cookbook is all about. Good food, lots of fun and hopefully for you a new group of recipes not only to try but also to fall in love with. If you ever come to visit the Pacific Northwest, we invite you to come and see us. If you are ever in Tuscany we highly recommend that you stay at Roberto's Parco Fiorito. To our new friends who are reading and cooking with this book, we say …

Good Ciao!

–Kathryn Hilger Kingen

casa sia al ristorante. Abbiamo frequentato corsi di cucina con Roberto in Italia, incrementando la nostra esperienza a Parco Fiorito. Lo abbiamo invitato a Seattle perchè insegni ai nostri chef. Vi invitiamo, quindi, mentre leggerete il libro, a viaggiare con la mente e ad apprezzare questa amicizia basata sull'amore per il cibo.

L'ospitalità sia della città sia della campagna, incontri fra amici, gli auguri e i saluti sono elementi che costituiscono l'anima di questo libro. Cibo buono, tanto divertimento e il desiderio che voi troviate un gruppo di ricette nuove da provare e di cui innamorarsi. Se visitate il nord-ovest pacifico, veniteci a trovare. Se invece siete in Toscana, sarete felici di soggiornare da Roberto. Ai nostri nuovi amici che leggono e cucinano grazie a questo libro, diciamo….

Good Ciao!

–Kathryn Hilger Kingen

Table of Contents
Sommario

 Denotes vegetarian recipes / Segnala le ricette vegetariane

Introduction

The Magical World of Parco Fiorito:
One Visitor's Story

When we open the doors of our agriturismo to culinary travelers we often hear how our visitors feel a connection with the land, the animals and the healthy and traditional cooking. Below, one of our guests explains the magic of Parco Fiorito.

–Claudia Russo and Giuseppe Russo

Tuscany and Umbria: I feel a certain attraction to the beauty contained within their names, dark like the wild boars that roam through their hills stuffing themselves with chestnuts. They are a place where the only known rhythm of life is that of history.

One goes to Tuscany because one must, while one goes to Umbria because one can. Umbria is the region of Italy that you visit when you want to experience the countryside or when you are tired of the monuments, the countless churches and the disorderly crowds pervading the solemnity of the museums. Umbria is the Italy that is experienced from the inside out, Italy's very own prayer.

We spent our first time at the Relais Parco Fiorito in Piazzano near Lake Trasimeno, very close to Cortona, only about four miles from the city's historical center. Parco Fiorito was the product of a superb restoration of a 16th century convent. It had just opened and it seemed like the castle where I would have imagined the dramatic death of Juliet and her Romeo took place. The complex was truly the Relais of the countryside. It was managed by an ex-insurance agent of a rural background, Roberto Russo, with his two children Claudia and Giuseppe, both of which I was sure would one day become famous. Just

Il Mondo Magico del Parco Fiorito:
Il Racconto di Un Visitatore

Quando apriamo le porte del nostro agriturismo ai viaggiatori amanti della cucina, spesso ci rendiamo conto di quanto i nostri ospiti si sentano connessi con la natura, con gli animali, con il cucinare sano e tradizionale. Qui di seguito, uno dei nostri ospiti ci racconta la magia di Parco Fiorito.

–Claudia Russo e Giuseppe Russo

Toscana e Umbria: solo i loro nomi ci rimandano a una natura selvaggia come quella di un cignale che si nutre di castagne frugando di collina in collina. Terre in cui la storia scandisce il ritmo della vita.

Si va in Toscana perché si deve; si va in Umbria perché si può. É la regione italiana che si visita quando ci si vuole immergere nella natura, quando si è esausti di monumenti, di un infinito numero di chiese, di folle disordinate che si spostano nell'atmosfera austera e solenne dei musei. Umbria è l'Italia che si guarda dentro, la sua preghiera a se stessa.

Soggiorniamo per la prima volta al Relais Parco Fiorito, agriturismo di Piazzano, una località nel Comune di Tuoro sul Trasimeno a soli 6 km da Cortona. Parco Fiorito è frutto di un superbo restauro di un convento del '500 e sembra il castello dei miei sogni, dove Giulietta e Romeo avrebbero dovuto vivere il loro amore. Il complesso è un vero e proprio Relais di campagna. È gestito da un ex assicuratore di origine campana, Roberto Russo, con i suoi due figli Claudia e Giuseppe, ai quali ho pronosticato una prossima grande fama. Alle spalle del Relais, passa una strada che conduce ad una piccola chiesa del '200. Da qui parte un antico sentiero scavato dagli

Roberto Russo with Penelope Duval.

Roberto Russo con Penelope Duval.

behind the farm house there was a road that led directly to a small 13th century church. From there a winding path led towards the crest of the Etruscan hills, where there is a breathtaking view of all of Lake Trasimeno. The path was spectacular. We positively could not have found a more beautiful place in the entire world to have our romantic weekend. The sunset from the summit offered an incredible spectrum of colors.

The view from our room was a dream: one hill behind another, as if time stood still in these valleys. The view began at an olive grove, which had formed through the centuries. This gave Piazzano's vineyards a noble and austere profile stretching endlessly to Cortona, a city of unparalleled beauty.

After Cortona, we embarked on a journey down a road that brought us from Parco Fiorito to a newsstand near Pergo. Halfway there we heard a car coming behind us driving exceedingly fast. We barely got off the road and just avoided the dashing car. Seeing us at the last second, the driver theatrically slammed on the brakes. It was Claudia Russo, who just the night before served us a fabulous dinner. She jumped out of the car and apologetically declared, "My father wouldn't like it if I hit two of our guests!"

Claudia resumed her journey, risking the life of every creature that crossed her path. We continued our walk along a great stream and approached some cabins used for drying tobacco, an image that brought me back to my deep Southern roots. On the way back I stopped to look at the olive groves. I adored the silvery reflection of the branches as they moved in the wind and I thought to myself, what is more beautiful and useful than an olive tree? What is more alluring than a bowl overflowing with green olives or small glass vials full of extra-virgin olive oil from the first pressing, with its smoky jade-green color? We took a single twig as a souvenir of our romantic weekend, as both a memory and vow. We then resumed our journey back to Parco Fiorito.

The next day Roberto Russo, the head of Parco Fiorito, met us for our cooking class in the salon where we were served an abundant buffet breakfast with everything you could ever want including many things that were home-made: a quince-melon marmalade with a bit of orange,

Etruschi. La vista sul lago Trasimeno è davvero mozzafiato. Non potevamo trovare un posto più bello al mondo dove trascorrere il nostro week end romantico. I tramonti da questo angolo del mondo offrono una incredibile gamma di colori.

Il panorama della nostra stanza è un sogno dove il susseguirsi delle valli fa pensare che il tempo si sia fermato. La vista spazia da un uliveto scolpito dai secoli ad un rudere che regala alle vigne di Piazzano un profilo nobile e austero; nel mezzo due laghetti incastonati nel paesaggio.

Subito dopo Cortona, percorriamo la strada che serpeggia dal Relais a Pergo. Una volta a metà strada sentiamo una macchina arrivare da dietro a tutta velocità. Facciamo appena in tempo a farci da parte e nello spazio di un secondo l'utilitaria ci raggiunge in pochi secondi. Claudia Russo, la titolare che la sera prima del nostro arrivo ci aveva servito una favolosa cena, esce dalla macchina scusandosi: "Mio padre non mi perdonerebbe mai se facessi del male ai nostri ospiti."

Claudia riparte, mettendo a repentaglio la vita di ogni creatura che incrocia, noi continuiamo la nostra strada lungo un profondo torrente e ci avviciniamo alle baracche per l'essiccazione del tabacco che ci rimandano al profondo Sud delle nostre radici. Sulla strada del ritorno ci fermiamo a guardare gli ulivi secolari, ammiriamo i riflessi argentei della loro chioma mossa della brezza e ci rendiamo conto che niente è più bello e utile di un ulivo. Cosa c'è di più allettante di una ciotola colma di olive verdi o delle ampolle di vetro piene di buon olio d'oliva, del suo colore verde giada sfumato? Raccogliamo un solitario rametto come souvenir del nostro week-end romantico, ricordo e pegno per entrambi e torniamo al Relais.

Il giorno seguente raggiungiamo Roberto Russo per la lezione di cucina nel salone dove ci attende una abbondante colazione a buffet, ricca di ogni ricercatezza e di cose fatte in casa: una marmellata di mele cotogne con aggiunta di arancia, una pancetta dal grasso rosato che si scioglie come il burro, pane leggermente scuro preparato da Cristina, una sempre sorridente collaboratrice rumena che ormai in questa casa da tre anni si sente partecipe di tutto ciò che viene fatto per noi ospiti,

Parco Fiorito's dining room has a sweeping view of the Italian countryside. La sala da pranzo di Parco Fiorito con la vista della campagna.

pancetta with pink fat that melted in your mouth like butter and bread lightly toasted by Cristina, the always smiling Romanian kitchen attendant. By that point she had been working there for three years and felt like a part of everything that was done for us guests. There was also an incredible selection of teas and great Italian coffee, and if you wanted an espresso or cappuccino, all you had to do was ask.

Roberto put us at ease, making us feel as if we were at home. He asked us if we wanted to join him on his trip to Cortona to get some fresh ingredients for our dinner that evening.

Giving us just enough time to find a seat in his elegant Mercedes minibus, he hit the gas and we were off, moving through the hills so fast that he made his daughter look like a driving instructor. We darted like a cheetah between the unmarked lanes to quickly reach the walls of

una scelta incredibile di tè e tisane e del buon caffè italiano, basta chiedere per avere un espresso o un cappuccino.

Roberto ci mette subito a nostro agio, ci fa sentire come a casa nostra, e ci propone di fare un giro a Cortona, in modo da scegliere qualcosa di fresco che ci tornerà utile la sera per la preparazione dei piatti.

Il tempo necessario per prendere posto su un elegante pulmino Mercedes e siamo già lontani derapando dalle colline a gran velocità da far passare la figlia di Roberto, Claudia, per un'istruttrice di guida. Sfrecciamo come ghepardi tra le viuzze non segnalate per raggiungere in pochi minuti le mura di Cortona. Margherita sembra soddisfatta e più tranquilla di essere con i piedi a terra anche se abituata alle stradine strette della sua terra d'origine, la Liguria.

Roberto adesso ci fa da guida per le zone più segrete

Cortona. When we got there, Margherita seemed happy and more relaxed to be on her feet again, even if she was used to driving through the narrow roads of her home region, Liguria.

Roberto led us slowly through the older and hidden parts of the walled city composed of large Etruscan, Roman and medieval stones built upon one another. He brought us through a cheerful chorus of greetings, as he knew practically everyone we encountered. He confided in us that before transferring here he was an agent at an important insurance company. When I asked him to tell us the differences between the people from Umbria and from Tuscany, if there were any, he told me smiling that: "It is very simple. There are many differences between Umbria and Tuscany, but in the triangle formed by Arezzo, Siena and Perugia, the people have the best traits of both regions. They are united by a legend similar to the abduction of Sabine: the warriors of Cortona (Tuscany) would kidnap women from nearby Castilgion del Lago (Umbria)." He explained with perfect clarity why these different communities exist and that their ability to live peacefully together should be an example to those who have made the beginning of this new century one of the bloodiest and fratricidal in human history.

Once we reached the market, Roberto moved around like a perfume maker collecting flowers from a field full of bees. With her awe and appreciation for food, Margherita's mouth was watering at the sight of the traditional ingredients of Italian cuisine.

At the counter of an outdoor *salumeria*, or deli, Roberto ordered us a cod fish that was already drenched in water for our dinner. "Note the thickness," he pointed out while a boy placed a beautiful fillet onto the scale. The boy lifted it up to let us appreciate it before putting it in two transparent plastic bags so that the water would not leak out.

We wandered between the different market stalls. The products on display were so fresh that their aroma was quite intense, especially the smell of local white truffles. They filled the air and gave you an idea of what a tree must smell like to itself. I saw Roberto go into the shop and buy a truffle for our pasta dish that evening. I would have kissed him but hesitated for fear that the gesture could come off as something else.

di questa città fatta di pietre etrusche, romane e medievali. Ci fa strada tra un allegro coro di ciao, perché conosce praticamente gran parte di quelli in cui ci imbattiamo. Ci confida che appena trasferitosi qui è stato agente di una importante compagnia di assicurazioni. Quando gli chiedo di dirci le differenze tra umbri e toscani, se ce ne sono, lui risponde sorridente: "È molto semplice: sono molte le differenze tra umbri e toscani, ma in questa parte di territorio a cavallo delle due regioni e delimitato da Arezzo, Siena e Perugia (idealmente apici di un triangolo d'oro) ci sono persone migliori che rappresentano il meglio di entrambe le regioni. Queste popolazioni sono accomunate da una leggenda simile al Ratto delle Sabine che vede protagonisti guerrieri di Cortona (Toscana) che rapirono le donne della vicina Castiglion del Lago (Umbria)." Questo pacifico convivere di diversi popoli dovrebbe essere di esempio a coloro che hanno trasformato questo nuovo secolo in uno dei più sanguinari della storia.

Roberto, una volta raggiunto il mercato, si muove come un creatore di profumi che raccoglie i fiori di campo in un prato invaso dalle api. Margherita guarda questi freschissimi prodotti con l'acquolina in bocca di chi ha sempre saputo apprezzare i piaceri della tavola.

Il nostro cicerone a questo punto ordina un baccalà già bagnato per la cena a un banco di salumeria all'aperto. "Osservate lo spessore" fa notare mentre un ragazzo mette sulla bilancia un bellissimo filetto. Il ragazzo lo solleva per farcelo apprezzare prima di metterlo in due buste trasparenti per contenere l'acqua.

Girovaghiamo tra le bancarelle dove i prodotti, data la loro freschezza, emanano un intenso profumo superato solo da quello della bottega dei tartufi bianchi locali. Riempie l'aria intorno e ti da' l'idea dell'odore che un albero deve sentire di se stesso. Quando vedo Roberto entrare nel negozio e comprare un bitorzoluto tartufo per la pasta della sera, vorrei baciarlo, ma esito per timore che il gesto possa essere equivocato.

Margherita gira piacevolmente in questo angusto mercato, certamente molto più piccolo di quello di Genova a cui è abituata. Proseguiamo mentre Roberto e Margherita ispezionano giganti cavolfiori albini, melanzane che riempiono gli scaffali come palle da bowling,

Animals at Parco Fiorito are raised according to tradition.

Gli animali a Parco Fiorito vengono allevati secondo la tradizione.

A comfortable suite at the Relais Parco Fiorito.

Una splendia suite del Relais Parco Fiorito.

Margherita happily wandered through the narrow market. It was much smaller than the ones that she was used to in Genoa. I continued walking while Roberto and Margherita inspected huge white cauliflowers and eggplants that filled their shelves like bowling balls, porcini mushrooms as big as small cats, fresh fennel that smelled of anise and piles of huge, bright yellow peppers that transformed the counter at the entrance into a gold mine. The Sicilian blood oranges were displayed cut open to reveal their scarlet juice.

Margherita tasted grapes, arugula, oregano, spring onions and sun-dried tomatoes, and every time she turned to me she shook her head. I did not have to ask her what she was thinking, it was something like: "It's great to be here with you!"

Before leaving the market and its overwhelming medley of aromas, we stopped by a fishmonger, where Roberto showed us a twisted knot of eels in a bucket of fresh water, which were caught in Lake Trasimeno that very morning. Even more surprising was the woman behind the

funghi porcini dalle dimensioni sproporzionate, finocchi freschi che profumano di anice e cumuli di enormi peperoni gialli luccicanti che trasformano il banco dove sono disposti nell'ingresso di una miniera d'oro. Le arance rosse di Sicilia sono presentate aperte, per metterne in mostra il succo scarlatto.

Margherita assaggia l'uva, la rucola, l'origano, le cipolline, i pomodorini a forma di prugna, e ogni volta si gira verso di me e ammicca. Non devo chiederle a cosa sta pensando. Sta pensando: è bello essere qui con te!

Prima di lasciare il mercato e il suo travolgente campionario di aromi, ci fermiamo dal pescivendolo, dove Roberto ci fa notare un groviglio di anguille attorcigliate in un secchio d'acqua fresca e pescate nel Lago Trasimeno quella mattina stessa. Ancora più sorprendente, la donna dietro al banco punzecchia un crostaceo che si muove nei fondali marini chiamato canocchia, gustosa creatura a metà tra un gambero e una mantide religiosa. Lo punzecchia di nuovo e quello continua a muoversi,

counter who was poking a shellfish that was moving in a shallow tank. It was a mantis shrimp, a tasty creature that is a mix between a crayfish and a praying mantis. She poked it again and it continued to move, even though we were in a city quite far from the sea. The love for freshness is a form of spontaneity and discipline for all who live here. And amidst such goodness Margherita could not help but remind us that in her region she made exceptional dishes with mantis shrimp.

But the bold Roberto was in a hurry and directed us through a quick path towards the cathedral. He entered through a small entrance in front and bought three tickets from a woman who smiled because she had seen him several times before. Roberto brought us into a room and showed us a painting of rare beauty that was quite familiar since it was in practically every art book ever made. This was Fra Angelico's magnificent "The Annunciation," which stretched across the entire wall, but was at one time just behind the altar. Roberto invited us to the angle opposite of its left so we could better absorb the rich colors and prevailing gold of the Renaissance masterpiece. Roberto instructed us to give alternating glances between the painting and the paneled ceiling. Each panel was unique and represented a different artisan trade. We didn't say anything. Margherita and I focused so we could absorb the illuminating force that pervades a perfect piece of art. Soon, however, Roberto made us return to reality by telling us to get closer to fully appreciate Fra Angelico's reproduction of the Chiana Valley depicted from the same angle as the piazza that we had only just before passed when he had arrived in Cortona. We were able to appreciate and pick out in the painting Lake Trasimeno and the Esse Valley, at the foothills of which the former convent, Parco Fiorito was situated."

On the way back we crossed the city, then like a rocket we were back on the road through the green Tuscan-Umbrian hills. As we were returning to Parco Fiorito, Margherita was already thinking about the cooking lesson we were about to have.

As soon as we arrived, we all went to the kitchen, and together with Roberto, prepared the following recipes using the delectable items we had just purchased in Cortona.

anche se siamo in una città tanto lontana dal mare. L'amore per la freschezza è una forma di spontaneità e di disciplina per chi vive qui. E davanti a tale bontà Margherita non esita a ricordarci che nella sua regione con la canocchia si fanno dei piatti formidabili.

Ma il baldo Roberto ha fretta e si dirige a passo spedito verso il Duomo. Entra in un piccolo ingresso di fronte, paga tre biglietti di ingresso ad una signora che sorride nel rivederlo e ci introduce in una sala dove ci presenta un dipinto di rara bellezza che avevamo gia visto perché praticamente presente in tutti i libri d'arte del mondo. Sull'intera parete, una volta alle spalle dell'altare, è possibile ammirare una maestosa opera del Beato Angelico: "L'Annunciazione". Roberto ci invita a restare nell'angolo opposto a sinistra per meglio godere la ricchezza dei colori di un'opera segno del Rinascimento su cui prevale l'oro e ci invita ad alternare lo sguardo del dipinto al soffitto a cassettoni, azzurro ed oro. Ogni quadrato è diverso dall'altro e ognuno rappresenta una professione diversa. Non diciamo nulla, concentrati ad assorbire la forza di un'arte così perfetta fino a quando Roberto ci richiama alla realtà per invitarci ad osservare un riquadro riproducente la Val di Chana con la stessa angolazione che avevamo avuto modo di apprezzare di persona appena arrivati e che mostrava il Lago Trasimeno e la Val d'Esse. Da quella valle si scorge l'ex convento dove oggi alloggiamo, che è diventato il Relais Parco Fiorito.

Attraversiamo la città sulla via del ritorno e a gran velocità riprendiamo la strada per le verdi colline toscoumbre; Margherita già si preoccupa della lezione di cucina che seguirà.

Appena arrivati andiamo tutti in cucina e insieme a Roberto prepariamo le seguenti ricette utilizzando le delizie comprate al mercatino di Cortona: sarà la cena più bella della nostra vita.

Families find freedom at Parco Fiorito.

Le famiglie trovano la libertà a Parco Fiorito.

Young and old enjoy the pools at the Relais Parco Fiorito.

Grandi e piccoli si divertono alle piscine del Relais Parco Fiorito.

A full workout is available in the Wellness Center at the Relais Parco Fiorito.

Tanto Sport nell'Area Benessere del Relais Parco Fiorito.

Iron work and flowers give new life to old stones at the Relais Parco Fiorito.

Ferro battuto e fiori ravvivano la pietra del Relais Parco Fiorito.

Appetizers

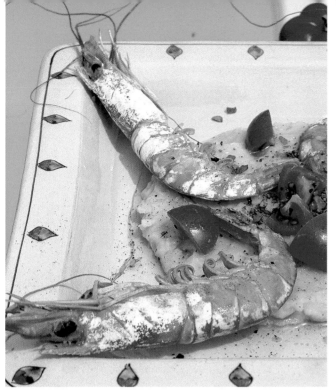

Antipasti

Red Tomato Bruschetta

Every Tuscan-Umbrian meal begins with bruschetta, whether it is a tomato bruschetta like the one in this recipe, or a traditional bruschetta with only garlic and oil.

Non c'è pasto tosco-umbro che non inizi con la bruschetta, sia con quella descritta qui che con quella tradizionale con solo aglio e olio.

2 tomatoes
1 clove garlic
1 stalk celery
1 small red chili pepper
1 small onion
6 fresh basil leaves
salt and freshly ground pepper

1 sprig oregano, chopped
2 tablespoons balsamic vinegar
5 tablespoons extra-virgin
   olive oil, plus extra
8 slices bread, toasted

2 pomodori
uno spicchio di aglio
sedano
peperoncino
cipolla
basilico
sale e pepe

origano
aceto balsamico
olio extravergine d'oliva
8 fette di pane

Bring a large pot of water to a boil. Using a paring knife, cut a small "x" into the skin on the bottom of each of the tomatoes. Add the tomatoes to the pot of boiling water and cook for 20 seconds, or until the skin loosens from the fruit. Carefully transfer the tomatoes from the boiling water into a bowl of ice water to cool. Peel the tomatoes and remove the seeds.

Chop the tomatoes, garlic, celery, chili pepper, onion and basil leaves. In a large bowl, combine the chopped ingredients and season with salt and pepper. Add the oregano, balsamic vinegar and olive oil. Toss well to combine and set aside to marinate for 3 minutes.

To serve, gently spoon the mixture over each slice of bread, being careful to avoid most of the tomato juices. Drizzle each bruschetta slice with olive oil and serve. Serves 4

Pelate i pomodori ed eliminate i semi. Questa operazione viene facilitata scottandoli per pochi secondi in acqua bollente.

Tritate con un coltello o una mezza luna i pomodori, l'aglio, il sedano, peperoncino, la cipolla e poche foglie di basilico.

Mettete il tutto in una insalatiera, aggiungete un cucchiaino di sale, uno di pepe tritato fresco, una presa di origano, aceto balsamico ed olio di oliva nelle quantità desiderate e lasciate macerare per qualche minuto.

Tostate le fette di pane e stendete la salsa avendo cura di eliminare prima l'acqua dei pomodori.

Prima di servire aggiungete un filo di olio extravergine d'oliva. Per 4 persone

Bruschetta Rossa

Potato Crostini

A new way to experience potatoes. Try this as an appetizer or side dish.

2 large potatoes
6 tablespoons extra-virgin
   olive oil, divided
3 cloves garlic, chopped,
   divided
12 small fresh or dried porcini
   mushrooms, sliced

1 teaspoon thyme, minced
4 ounces Gorgonzola Dolce

Preheat the oven to 350°. Wash the potatoes and cut them into 12 slices, about ½-inch thick each. In a medium-sized baking pan, combine 4 tablespoons olive oil, 2 garlic cloves and the potato slices. Transfer to the oven to bake for 12 to 15 minutes, until tender, turning the potatoes halfway through the cooking time.

Preheat the broiler. Meanwhile, if you are using dried porcini mushrooms, soak them in warm water for 10 minutes, until just tender. In a medium-sized skillet over medium-high heat, warm the remaining olive oil. Add the mushrooms, the remaining garlic and the thyme. Sauté until the garlic is golden.

Sprinkle the potatoes with the Gorgonzola and distribute the mushrooms on top. Transfer the pan to the oven and broil for 5 minutes. Serves 4

Un modo originale per gustare le patate, sia come antipasto che come contorno.

12 fette di patata
4 cucchiai olio extravergine
   d'oliva
3 spicchi d'aglio
100 g di funghi porcini
   freschi o 12 pezzettini di
   quelli secchi

timo
120 g di gorgonzola dolce

Ricavate da grosse patate ben lavate ed asciugate delle fette dello spessore di 1 cm e mezzo. Mettete in una pirofila l'olio, l'aglio, unite le fette di patate e fatele dorare in forno già caldo a 180° per 6-8 min per lato.

Nel frattempo, in una padella con 2 cucchiai di olio, fate cuocere a fuoco vivo i funghi porcini con uno spicchio d'aglio e una presa di timo. Se usate funghi secchi, fateli prima rinvenire in acqua tiepida.

Spalmate le fette di patata con il gorgonzola dolce, distribuitevi sopra i funghi e passate i crostini sotto il grill del forno ben caldo. Per 4 persone

Crostini di Patate

Pears, Cheese and Walnuts

An appetizer that is as tasty as it is simple.

Un antipasto gustoso quanto semplice.

2 pears	¼ pound Fontina
2 small zucchini, julienned	¼ pound Parmigiano-Reggiano
½ cup extra-virgin olive oil	¼ pound walnuts, chopped
2 tablespoons balsamic vinegar	arugula leaves for garnish

2 pere	100 gr di fontina
2 piccole zucchine	100 gr di parmigiano-reggiano
olio extravergine d'oliva	100 gr di gherigli di noci
aceto balsamico	rucola per guarnire

Wash, core and slice the pears lengthwise into ¼-inch thick slices. Arrange both the pears and zucchini on a serving platter.

In a bowl, combine the olive oil and the balsamic vinegar and whisk until well combined. Cut the cheeses into pieces and drizzle with the dressing. Top the pears and zucchini with the dressed cheeses. Arrange on a serving platter and garnish with the walnuts and arugula. Serves 4

Lavate le pere, affettatele sottilmente senza sbucciarle e disponetele sul piatto di portata. Aggiungete le zucchine tagliate a julienne.

Cospargete con i formaggi a scaglie e condite con una vinaigrette preparata emulsionando una parte di aceto balsamico ogni tre parti di olio. Completate con le noci e la rucola. Per 4 persone

Pere, Formaggio e Noci

Chicken Liver Crostini

This is a classic Tuscan appetizer, which can be served on its own or with bruschetta and cold cuts.

Classico antipasto toscano servito sia da solo che insieme alla bruschetta e agli affettati.

4 tablespoons extra-virgin olive oil, divided
8 ounces chicken livers
1 sage leaf, minced
salt and freshly ground pepper
2 anchovies, packed in oil, drained

2 tablespoons capers, plus extra for garnish
1 loaf bread
½ cup chicken stock

olio extravergine d'oliva
¼ kg di fegatini di pollo
sale
pepe
un rametto di salvia
2 acciughe sott'olio
una manciatina di capperi

pane
2 dl di brodo

In a medium-sized skillet over medium-high heat, warm ½ of the olive oil. Add the chicken livers and sage, season with salt and pepper and cook for 5 minutes.

Meanwhile, in a food processor, combine the anchovies and capers and purée until smooth. Remove the chicken livers from the skillet and add them to the food processor. Purée until almost smooth. Add the remaining olive oil in a slow, steady stream and purée until a smooth cream forms.

Slice and toast the bread. Lightly brush the slices with the chicken stock. Spread some of the chicken liver pâté onto each slice and top with a few capers. Serves 4

In una padella cuocere nell'olio per qualche minuto i fegatini, aggiungere sale, pepe e la salvia.

A parte, mettere nel passatutto le acciughe e i capperi. Unire i fegatini e passare di nuovo al setaccio. Incorporare al ricavato due cucchiai di olio e amalgamare bene il composto.

Servire su crostini di pane tostato e leggermente bagnato nel brodo. Per 4 persone

Celery Trunks

A simple way to prepare a delicious appetizer.

Un modo stuzzicante per prepararsi ad un buon pasto.

4 stalks white celery
4 tablespoons extra-virgin
 olive oil
4 teaspoons balsamic vinegar
freshly ground pepper
4 tablespoons sesame seeds

4 thin slices prosciutto
¼ pound Gorgonzola
4 walnuts, chopped

8 tronchetti di sedano bianco
4 cucchiai di olio extravergine
 d'oliva
4 cucchiaini da tè di aceto
 balsamico
pepe

4 cucchiai di semi di sesamo
4 fette sottili di prosciutto
 crudo
100 g di gorgonzola
4 gherigli di noce

Cut the celery stalks in ½ widthwise. In a bowl, combine the olive oil, balsamic vinegar, season with the pepper and mix well.

Arrange the sesame seeds in an even layer on a plate. Dip 4 of the celery pieces into the dressing and then coat with the sesame seeds. Wrap the prosciutto around the end of the celery. Fill the remaining 4 celery pieces with the Gorgonzola and sprinkle with the walnuts. Arrange on a serving plate. Serves 4

Tagliate tante coste di sedano bianco per ottenere 8 tronchetti di circa 12 cm. Emulsionate in una ciotola 4 cucchiai di olio extravergine d'oliva, 4 cucchiaini da tè di aceto balsamico e una leggera macinata di pepe.

Immergetevi 4 tronchetti di sedano uno ad uno e passateli in un piattino dove avrete versato 4 cucchiai di semi di sesamo. Avvolgetevi una fetta sottile di prosciutto ciascuno. Sugli altri 4 tronchetti spalmate il gorgonzola e completate con il gheriglio di noce. Per 4 persone

Tronchetti di Sedano

Bean Pâté with Shrimp

Beans are a fundamental element of Tuscan-Umbrian cuisine, but it is somewhat unusual to pair them with shellfish. Their combination, however, results in rich and delicious flavors.

Un modo insolito di gustare i crostacei accostandoli con i fagioli, elemento fondamentale della cucina tosco-umbra. Un ottimo risultato cromatico e di sapori.

7 ounces dried cannellini beans	1 stalk celery
2 tablespoons extra-virgin olive oil, plus extra for drizzling	⅛ teaspoon salt
	12 jumbo shrimp, deveined
	1 tomato, diced
1 clove garlic, plus extra	freshly ground pepper
5 sage leaves	2 sprigs parsley, chopped
1 carrot	4 slices bread

200 gr di fagioli secchi	1 pomodoro
olio extravergine d'oliva	prezzemolo
uno spicchio d'aglio	
qualche foglia di salvia	
1 carota	
1 gambo di sedano	
sale e pepe	
12 gamberi grandi	

In a bowl, combine the beans with enough water to cover and set aside to soak for at least 8 hours. Drain the beans. In a large pot, combine them with enough cold water to just cover and add the olive oil, garlic, sage, carrot, celery and salt. Place over medium-high heat and bring to a gentle boil. Boil until tender, about 45 minutes to 1 hour.

Remove the beans from the heat and remove all of the vegetables and herbs. Drain, reserving about ¼ cup of the broth. Mash the beans until a thick cream forms. Add a few tablespoons of the broth if necessary.

Bring a medium-sized pot of water to a boil. Add the shrimp and cook for about 5 minutes, until pink.

To serve, place 1 scoop of the bean pâté onto each of 4 individual serving plates. Arrange 3 shrimp on each plate. Top each plate with some of the tomato. Drizzle with olive oil and season with salt, pepper and parsley. Toast the bread slices and rub with garlic. Place a slice on each plate. Serves 4

Lasciate a bagno i fagioli per tutta la notte (almeno 8 ore), metteteli in acqua fredda con l'olio, l'aglio, la salvia, la carota, il sedano e un pizzico di sale. Portate ad ebollizione e lasciate cuocere lentamente.

Nel frattempo bollite i gamberi separatamente, preferibilmente al vapore per pochi minuti.

Scolate i fagioli, quindi lavorateli fino ad ottenere una crema densa, aggiungendo un po' d'acqua di cottura, se occorre.

Stendete la crema di fagioli al centro di ogni piatto e disponete su di un lato tre gamberi a ventaglio. Distribuitevi sopra il pomodoro tagliato a pezzetti, l'olio, sale, pepe e prezzemolo tritato.

Servite caldo con fette di pane tostato, strofinate con aglio. Per 4 persone

Pâté di Fagioli con Gamberi

Pancetta Bites

This is a simple and delicious dish that is perfect as an appetizer.

2 bananas
20 slices pancetta, or
   substitute bacon, thinly
   sliced
12 dried prunes

½ cup Fontina, cubed
freshly ground pepper

Peel the bananas and cut each into 4 even pieces. Wrap each piece with a slice of pancetta.

In a bowl, combine the prunes with enough warm water to cover and set aside to soak for 3 minutes. Drain and pit the prunes. Fill each prune with some of the Fontina and wrap each with a slice of pancetta.

Preheat the broiler. Arrange the pancetta-wrapped bananas and prunes in an oven safe baking dish. Transfer to the oven to broil until the pancetta is crisp, about 10 minutes.

Remove the bananas and prunes from the oven and transfer to a serving platter. Season with pepper and serve immediately. Serves 4

Un piatto semplice e gustoso, ideale come antipasto.

2 banane
20 fettine di pancetta tesa
12 prugne secche
fontina
pepe

Sbucciate 2 banane, tagliatele in 4 tronchetti e avvolgete ciascuno con una fettina di pancetta tesa.

Far rinvenire in acqua tiepida 12 prugne secche e dopo averle snocciolate, inserite un pezzetto di fontina e avvolgete ciascuna con una fettina di pancetta tesa. Trasferite il tutto in una teglia e passatelo sotto al grill del forno finché la pancetta sarà dorata e croccante.

Estraetela dal forno, cospargete di pepe e servite subito. Per 4 persone

Bocconcini di Pancetta

Artichokes Margherita

A typical dish of Tuscany and Umbria that can be served as either an appetizer or side dish.

juice of 1 lemon
4 artichokes
3 sprigs parsley, chopped
2 cloves garlic, chopped
2 tablespoons capers
2 anchovy fillets, packed in
   oil, drained and chopped

extra-virgin olive oil
vegetable stock
salt and freshly ground pepper

Preheat the oven to 375°. In a bowl, combine the lemon juice with 4 cups of cold water. Trim the stems of the artichokes and slice 1 inch off the top of each. Remove and discard the tough outer leaves and, using a spoon, scoop out the hairy inner choke. Transfer the artichokes to the lemon water to prevent them from browning.

In a bowl, combine the parsley, garlic, capers and anchovies. Remove the artichokes from the water and shake out any excess water. Fill the center leaves of each artichoke with the mixture. In a deep oven safe baking dish, add enough olive oil to coat the bottom. Arrange the artichokes in the dish, stem side down. Transfer to the oven to bake until golden brown. Remove from the oven and add enough stock to the pan to cover the artichokes. Cover the pan and transfer back to the oven to bake until tender, about 15 minutes. Season with salt and pepper and serve. Serves 4

É un piatto tipicamente locale, adatto sia come antipasto che come contorno.

4 carciofi
prezzemolo
2 spicchi d'aglio
capperi
2 acciughe sott'olio
olio extravergine d'oliva
brodo vegetale

sale e pepe

Liberare i carciofi dai gambi e dalle foglie scure esterne, tagliare le punte. Immergere i carciofi in una bacinella con acqua e limone.

Nel frattempo, preparare un trito di prezzemolo, aglio, capperi, acciughe sott'olio. Scolare i carciofi, allargare le foglie centrali e farcire con il trito. Disporre i carciofi in piedi in una casseruola con un po' d'olio, far rosolare, quindi aggiungere il brodo fino a coprire. Lasciar cuocere coperto a fuoco moderato, aggiustare di sale e pepe. Per 4 persone

Carciofi alla Margherita

Whipped Codfish

A very traditional ingredient in Italy, in the U.S. salt cod can be found in Italian gourmet stores. Be brave and try this recipe to experience this classic ingredient in a delightful rendition.

Per le sue particolari caratteristiche, il baccalà si inserisce bene anche nella cucina del nostro territorio, che non ha vocazione marinara.

2 pounds salt cod, soaked overnight	1 cup milk
1 clove garlic, chopped	salt
1 teaspoon freshly ground pepper	6 slices bread, toasted
1 cup extra-virgin olive oil	2 bunches arugula, or substitute 1 head radicchio for garnish (optional)

1 kg di baccalà messo una sera prima in ammollo	pane tostato
1 spicchio di aglio	rucola o radicchio
pepe	
3 dl di olio extravergine'oliva	
1 bicchiere di latte	

In a large, deep skillet over medium-high heat, combine the cod with enough cold water to cover and bring to a boil. Remove from the heat and set aside to cool. (The cod should remain submerged in the water.) Once the cod has cooled, pat it dry and clean it, removing the skin and bones.

Break the fish into pieces and transfer to a food processor. Add the garlic and pepper and purée for about 1 minute. With the motor running, add the olive oil in a slow steady stream and continue to purée until almost smooth.

In a saucepan over medium heat, warm the milk. Slowly add the milk to the fish mixture, while continuing to purée. The ingredients should be the consistency of mashed potatoes when finished. Season with salt if necessary.

Spoon the whipped codfish onto the toasted bread and serve over a bed of arugula or radicchio leaves, if desired. Serves 6

Mettete il baccalà in una casseruola, copritelo di acqua fredda, chiudete con il coperchio e portate ad ebollizione a fuoco medio. Appena inizia a bollire (non oltre), ritirate la casseruola dal fuoco e lasciate intiepidire il baccalà immerso completamente nell'acqua. Sgocciolatelo e ripulitelo perfettamente dalla pelle e dalle spine.

Dividetelo a scaglie con le dita e raccoglietelo nel bicchiere del mixer. Unite lo spicchio d'aglio grattugiato, una generosa macinata di pepe e frullate per un minuto. Continuando a frullare a media velocità, cominciate quindi ad aggiungere l'olio poco alla volta, finchè il composto non ne assorbe più.

Scaldate il latte. Versatelo lentamente nel composto di baccalà continuando a frullare in modo che alla fine abbia la consistenza di un purè di patate. Assaggiate e, se necessario, salate leggermente. Servite il baccalà con pane tostato, su un letto di rucola o radicchio. Per 6 persone

Baccalà Mantecato

Stuffed Croissant

This was historically a dish for the poor. It allowed families to use leftovers on the day they made bread.

Piatto povero della cucina contadina, che un tempo utilizzava tutti gli avanzi di cibo nel giorno in cui si faceva il pane.

For the dough:
2 1¼-ounce packages dry active yeast
4 cups flour, plus extra
1 teaspoon salt
½ cup milk
¼ cup extra-virgin olive oil

For the stuffing:
lard, or substitute shortening or butter, melted for brushing

¼ pound pancetta, diced
¼ pound salami, diced
¼ pound prosciutto crudo, diced
1 cup Auricchio cheese, or substitute BelGioioso provolone, diced
1 cup Parmigiano-Reggiano, grated

Per l'impasto:
500 g di farina
acqua q.b.
sale
Un cubetto di lievito di birra
100 g di latte
1 dl di olio extravergine di oliva

Per il ripieno:
strutto

100 g di pancetta
100 g di salame
100 g di prosciutto crudo
100 g di formaggio auricchio
100 g di parmigiano-reggiano grattugiato

In a bowl, combine the yeast with the amount of water listed on the package and set aside to proof.

On a clean, flat work surface, mound the flour and make a well in the center. Add ¾ cup water, the salt, milk and the yeast to the well. Work the dry ingredients into the wet until a dough begins to form. Knead until soft, smooth and elastic. Add flour if needed, to prevent the dough from sticking to the work surface. Transfer the dough to a bowl and cover with a clean cloth. Set the bowl aside and let the dough rise for at least 2 hours in a warm, dry place.

Preheat the oven to 400°. Once the dough has risen, using a rolling pin on a lightly floured work surface, keeping it in a square shape, roll out the dough to ¼-inch thick. Lightly brush with the lard and top with the pancetta, salami, ham and auricchio cheese. Sprinkle with the Parmigiano.

Roll up the dough and form it into a long loaf. Arrange on a nonstick baking sheet and transfer to the oven to bake for 20 minutes. Remove from the oven, slice and serve. Serves 8

Stendete la farina e formate un buco al centro, dove inserite acqua, sale, latte e lievito.

Dall'esterno verso il centro, mischiate la farina fino a creare un impasto morbido e liscio. Aggiungete costantemente farina sul piano di lavoro affinchè l'impasto non si attacchi. Lasciate riposare almeno 2 ore in ambiente non ventilato sotto un telo da cucina.

Stendete l'impasto con un mattarello fino ad ottenere una sfoglia sottile di forma quadrata. Ungetela con dello strutto e stendetevi la pancetta, il salame, il prosciutto ed il formaggio, il tutto tagliato in modo irregolare a fette o dadini e spolveratela abbondantemente con il parmigiano.

Partendo da un angolo, arrotolate la sfoglia fino a formare il cornettone. Mettete nel forno già caldo a 200° gradi per 20 minuti. Servite in fette da due cm. Per 8 persone

Cornettone

Chickpea and Pumpkin Puffs

A somewhat complex appetizer, completely made worthwhile by its simple, delicious flavor.

10 ounces pumpkin pulp, seeded and cubed

1 small red onion

2 tablespoons extra-virgin olive oil, plus extra for drizzling

8 ounces canned chickpeas

1 sprig rosemary, leaves only, chopped

½ cup Parmigiano-Reggiano, grated

⅛ teaspoon salt

2 tablespoons breadcrumbs

1 egg

Bring a large pot of water to a boil. Chop the pumpkin and add it to the water. Cook for 10 minutes, or until tender.

Meanwhile, peel and chop the red onion. In a large skillet over medium-high heat, warm the olive oil. Add the onions, chickpeas and rosemary and sauté until the onions are translucent.

Remove the pumpkin from the heat and drain. In a bowl, combine the onions, chickpeas and pumpkin. Add the Parmigiano, salt, breadcrumbs and egg. Mix until a thick lumpy dough begins to form. Moisten your hands and form the dough into apricot-sized balls.

Preheat a steamer pot. Add the balls and steam them for about 20 minutes. Remove the balls from the pan and transfer to a serving platter. Drizzle with olive oil and serve. Serves 4

Un antipasto piuttosto elaborato, ampiamente ripagato dal gusto delicatissimo.

300 g di zucca

una piccola cipolla rossa

2 cucchiai di olio extravergine d'oliva

240 g di ceci

un rametto di rosmarino

50 g parmigiano-reggiano grattugiato

una presa di sale

2 cucchiai di pangrattato

Tagliate a dadi la zucca già privata di scorza e semi e cuocetela al vapore per 10 minuti o finché sarà tenera.

Nel frattempo sbucciate e tritate finemente la cipolla rossa, fatela soffriggere in una larga padella antiaderente con l'olio extravergine d'oliva, unite i ceci conservati al naturale sgocciolati, un rametto di rosmarino e una presa di sale: mescolate, fate insaporire per 5 minuti, eliminate il rosmarino, trasferite il tutto in una ciotola, aggiungete la zucca, il Parmigiano Reggiano, il pangrattato e l' uovo.

Schiacciate gli ingredienti con una forchetta finché otterrete un composto omogeneo con cui formerete, con le mani inumidite, delle polpette della dimensione di un'albicocca.

Trasferite quindi le polpette al centro di altrettanti quadrati di carta da forno oleati di circa 12 cm di lato e avvolgetele in modo da ottenere dei fagottini: cuocete le polpette al vapore per circa 20 minuti e servitele con un filo di olio extra vergine di oliva a crudo. Per 4 persone

Fagottini di Ceci e Zucca

Eggplant Rolls

Eggplant is always good, but here it is enhanced by a tasty stuffing that features pecorino, a staple Tuscan-Umbrian cheese.

1 large eggplant, sliced	½ cup pecorino
salt	½ cup Edam cheese
1 cup breadcrumbs	5 tablespoons extra-virgin
2 cloves garlic, minced	olive oil, divided
½ cup parsley, finely chopped	hot red pepper flakes (optional)
½ cup Parmigiano-Reggiano, grated	

In a bowl, combine the eggplant slices with enough water to cover and add salt. Set aside to soak for 10 minutes.

Meanwhile, prepare the stuffing: In a bowl, combine the breadcrumbs, garlic, parsley, cheeses and 3 table-spoons of the olive oil. Mix until well combined. Season with the hot red pepper flakes, if desired, and continue to blend until the mixture is smooth.

Preheat a grill or grill pan. Remove the eggplant from the water, pat dry and lay out on a clean, flat surface. Spread a scoop of stuffing onto each eggplant slice and roll to enclose. Secure each roll with a toothpick. Drizzle with the remaining olive oil and grill over medium-high heat for about 15 minutes, turning frequently. Serve hot or at room temperature. Serves 4

Le melanzane sono sempre buone, ma qui sono esaltate dal ripieno estremamente gustoso perchè utilizza il pecorino, principe dei formaggi tosco-umbri.

600 g di melanzane	50 g di edam
sale	5 cucchiai d'olio extravergine
100 g di mollica di pane raffermo	d'oliva
prezzemolo	peperoncino a piacere
50 g di parmigiano-reggiano	
50 g di pecorino	

Tagliate le melanzane a fette e immergetele in acqua e sale per 10 minuti.

Nel frattempo, preparate l'impasto per il ripieno metten-do in un recipiente il pane tritato nel mixer, l'aglio e il prezzemolo tritati fini, i formaggi grattugiati e 2-3 cucchiai d'olio. Aggiungete peperoncino a piacere e mescolate finchè il composto risulta omogeneo.

Strizzate le melanzane, asciugatele e allineatele su un ripiano. Mettete su ogni fetta un po' di ripieno e arrotolate in modo da ottenere degli involtini. Infilzateli in spiedini di metallo, ungeteli con l'olio rimasto e cuoceteli a fuoco dolce sulla griglia per ca. 15 minuti, girandoli spesso. Serviteli caldi o a temperatura ambiente. Per 4 persone

Involtini di Melanzane

First Courses

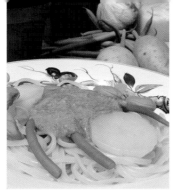

Primi

Paccheri Pasta with Green Sauce

A very rich and flavorful first course that can be served on its own. Without the pancetta, this is an ideal dish for vegetarians.

7 ounces green beans	salt
1 head Tuscan kale, or substitute Swiss chard	½ cup extra-virgin olive oil
1 medium red pepper, seeds and inner white ribbing removed	4 cloves garlic, minced
	1 sprig rosemary
	4 slices pancetta, diced
1 medium green pepper, seeds and inner white ribbing removed	7 ounces canned chickpeas, drained
	¾ pound paccheri, or substitute large rigatoni
1 medium yellow pepper, seeds and inner white ribbing removed	½ cup breadcrumbs
	¼ cup Parmigiano-Reggiano, coarsely grated
1 large zucchini	4 sprigs parsley, chopped

Wash the beans and chop them into small pieces. Wash the kale, peppers and zucchini and cut each of them into thin slices. In a steamer pot, combine all the vegetables, season with salt. Steam for 10 minutes then set aside.

In a large skillet over medium heat, warm the olive oil. Add the garlic, rosemary, pancetta and vegetables and simmer for about 5 minutes. Season with salt. Add the chickpeas and cook for another 5 minutes.

Bring a large pot of water to a boil. Add salt and the pasta and cook until al dente.

Meanwhile, in a small skillet over medium heat, combine the breadcrumbs and the Parmigiano and toast for about 2 to 3 minutes.

Drain the paccheri, reserving the pasta water, and transfer to the skillet with the vegetables. Mix well. If the mixture seems too dry, add the reserved pasta water, 1 tablespoon at a time, as needed. Allow it to cook together for another 3 to 4 minutes. Arrange the breadcrumbs in the bottom of a serving dish and pour the pasta on top of it. Garnish with parsley and serve. Serves 4

Un primo piatto molto ricco e gustoso che può anche essere servito come piatto unico. Eliminando la pancetta tesa è un piatto ideale per vegetariani.

200 g di fagiolini	30 g di parmigiano
cuore di cavolo nero	prezzemolo tritato
200 g di peperoni rossi e gialli	
200 g di zucchini	
sale	
olio extravergine d'oliva	
4 spicchi d'aglio	
rosmarino	
4 fette di pancetta tesa	
200 g di ceci in scatola al naturale	
350 g di paccheri	
50 g di pangrattato	

Mondate i fagiolini, togliendo l'eventuale filo, lavateli e tagliateli a pezzetti. Eliminate i semi dei peperoni, poi tagliateli a striscioline e lavateli. Affettate gli zucchini e il cavolo nero. Cuocete le verdure leggermente salate al vapore per circa 10 minuti, quindi scolatele bene.

Fate scaldare in una padella 6 cucchiai di olio, poi unitevi gli spicchi d'aglio pestati e fateli dorare per qualche minuto con un rametto di rosmarino, la pancetta tritata e le verdure; salate, unite i ceci ben scolati e cuocete per 5 min.

In una pentola con abbondante acqua bollente salata fate cuocere i paccheri molto al dente.

Nel frattempo in una padella antiaderente fate tostare, per 2-3 minuti, il pangrattato sbriciolato con il parmigiano grattugiato grossolanamente.

Scolate i paccheri, trasferiteli nella padella con le verdure, mescolateli, fateli saltare per qualche minuto, distribuitevi sopra il pane tostato, guarnite con prezzemolo tritato a crudo e servite. Per 4 persone

Paccheri al Ragù Verde

Pasta and Beans with Calamari

This is our interpretation of a classic Tuscan-Umbrian dish, in which we feature seafood.

Una nostra interpretazione "marinara" di un classico della cucina tosco-umbra.

7 ounces dried cannellini beans	¼ teaspoon hot red pepper flakes
2 cloves garlic, divided	5 ounces canned diced tomatoes
1 bay leaf	⅓ pound egg noodles,
salt	3 tablespoons parsley, chopped
5 tablespoons extra-virgin olive oil, divided	
⅔ pound calamari rings, or substitute scallops	
1 small onion, chopped	

200 g di cannellini secchi	150 g di tagliatelle all'uovo secche
2 spicchi d'aglio	una manciata di prezzemolo
1 foglia di alloro	
300 g circa di moscardini	
2 o 3 cucchiai di olio extravergine d'oliva	
1 cipolla piccola	
un peperoncino intero	
sale	
150 g di polpa di pomodoro	

In a bowl, combine the beans with enough water to cover and set aside to soak overnight. Drain the beans and transfer them to a deep pot. Add 1 whole, unpeeled clove of garlic and the bay leaf. Cover generously with cold water and bring to a boil. Season with salt. Reduce the heat to low and let simmer for 2 hours, or until the beans have soaked up most of the water.

In a skillet over high heat, warm 2 tablespoons of olive oil. Add the calamari and sear for 2 minutes on each side, then set aside.

In a second large skillet over medium heat, warm the remaining olive oil. Chop the remaining garlic clove and add it to the skillet along with the onions and hot red pepper flakes. Sauté until the onions are translucent. Add the tomatoes, season with salt and cook for 10 minutes.

Meanwhile, bring a large pot of water to a boil. Add salt and the egg noodles and cook until al dente. Drain the noodles, reserving some of the pasta cooking water.

Remove the bay leaf and the garlic clove from the beans. Add the beans, along with their soaking water, to the skillet. Stir well and bring to a boil. Add the egg noodles. Reduce the heat to medium-low and cook for about 10 minutes. Season with salt and pepper. Add the reserved pasta water as needed. Remove from the heat and add the parsley. Fold the calamari into the stew. Serve hot or at room temperature. Serves 4

Mettete i fagioli in una ciotola, copriteli di acqua tiepida e teneteli in ammollo per tutta la notte. Scolateli e metteteli in una casseruola insieme a uno spicchio d'aglio non spellato e alla foglia di alloro. Copriteli di acqua fredda e portate ad ebollizione, quindi salate, abbassate la fiamma al minimo e fate cuocere dolcemente per circa 2 ore.

Scaldate l'olio in una casseruola e fatevi soffriggere la cipolla tritata insieme allo spicchio d'aglio e a un pezzetto di peperoncino. Quando il soffritto comincia a prendere colore, unite i moscardini e fateli rosolare per qualche minuto a fiamma vivace. Salate, aggiungete la polpa di pomodoro e lasciate cuocere per circa 10 minuti.

Scartate dai fagioli l'alloro e lo spicchio d'aglio e versateli, con tutta l'acqua di cottura, nella casseruola con i moscardini. Mescolate e, non appena riprende l'ebollizione, aggiungete le tagliatelle all'uovo spezzettate. Regolate di sale e lasciate cuocere dolcemente per circa 10 minuti. Fuori dal fuoco, aggiungete poco prezzemolo tritato e servite la zuppa calda o tiepida. Per 4 persone

Pasta e Fagioli con Moscardini

Bucatini Carbonara with Zucchini

A quick dish that is perfect for non-vegan vegetarians.

Un primo di rapida esecuzione adatto anche ai vegetariani "permissivi"(che mangiano le uova).

2 tablespoons extra-virgin
 olive oil
2 cloves garlic, chopped
2 small zucchini, chopped
salt and freshly ground pepper
⅛ teaspoon oregano

¾ pound bucatini, or substitute
 penne
4 egg yolks
3 tablespoons Parmigiano-
 Reggiano, freshly grated

2 cucchiai d'olio extravergine
 d'oliva,
2 spicchi d'aglio
2 zucchini
1 pizzico d'origano
4 rossi d'uovo

sale e pepe
una manciata di parmigiano-
 reggiano
320 g di bucatini o penne

In a medium skillet over medium-high heat, warm the olive oil. Add the garlic and sauté until golden. Add the zucchini and cook for 5 minutes. Add 3 tablespoons of cold water, season with salt and pepper then add the oregano. Continue to cook for 2 minutes.

Bring a large pot of water to a boil. Add salt and the pasta and cook until al dente. Drain, set aside and keep warm.

In a large bowl, combine the egg yolks and the Parmigiano, season with salt and pepper and whisk until well combined. Add the zucchini and bucatini and toss well to coat. Serves 4

Far soffriggere nell'olio gli spicchi d'aglio schiacciati (che come sempre vanno tolti a fine cottura). Aggiungere gli zucchini tagliati a dadini e portare a cottura eventualmente con un po' di acqua calda, salare, pepare e cospargere di origano.

In una insalatiera sbattere energicamente le uova con sale, pepe e il parmigiano, unire gli zucchini e infine versare i bucatini cotti "al dente," mescolando il tutto velocemente.
Per 4 persone

Bucatini alla Carbonara di Zucchine

Tuscan Soup

Among all of Tuscany's soups, this one is by far the most famous.

Tra le zuppe tosco-umbre la ribollita è senz'altro la più famosa.

6 cups vegetable stock	1 head green cabbage
9 ounces dried cannellini beans, soaked overnight	1 head Tuscan kale, or substitute Swiss chard
2 tablespoons extra-virgin olive oil	1 potato, scrubbed and diced
1 leek, white part only, chopped	1 zucchini, chopped
1 onion, chopped	4 stalks celery, chopped
1 head savoy cabbage	4 tomatoes, peeled and seeded
	4 slices day-old bread

Bring the stock to a boil. Add the cannellini beans and cook until tender. Drain, reserving the cooking water.

In a large, deep skillet over medium-high heat, warm the olive oil. Add the leeks, onions and beans and sauté until the onions are translucent. Add the cabbages, Tuscan kale, potatoes, zucchini, celery, tomatoes and bread. Cook, stirring, for 4 to 5 minutes. Add the reserved bean cooking water to the skillet and simmer over low heat for about 2 hours. Serves 4

250 g di fagioli	un sedano
olio extravergine d'oliva	4 pomodori sbucciati e senza semi
un porro	4 fette di pane non fresco
una cipolla	
250 g di cavolo verza	
250 g di cavolo nero	
250 g di bietola	
una patata	
una zucchina	

Cuocere i fagioli preferibilmente freschi e già sgranati in abbondante acqua salata.

Fare imbiondire il porro e la cipolla nell'olio, scolare i fagioli (conservandone l'acqua) e unirli al soffritto. Dopo un minuto aggiungere la verza, il cavolo nero, la bietola, la patata, la zucchina, il sedano, i pomodori sbucciati e senza semi, le fette di pane. Mescolare per 4–5 minuti. Coprire con l'acqua dei fagioli e cuocere a fuoco basso per 2 ore circa. Per 4 persone

Zuppa Toscana

Roberto's Rigatoni

A simple and tasty way to enhance a quality pasta.

Un modo semplice e gustoso per valorizzare una pasta di qualità.

2 tablespoons extra-virgin olive oil
6 small onions, chopped
3 medium carrots, minced
4 links sausage, casings removed, roughly chopped
½ cup dry white wine
½ cup milk

¾ pound rigatoni
3 tablespoons Parmigiano-Reggiano, grated

olio extravergine d'oliva
½ kg di cipolle
200 g di carote
4 salsicce
5 dl di vino bianco secco
5 dl di latte intero
320 g di rigatoni, possibilmente Martelli

una manciata di parmigiano-reggiano

In a large skillet over medium-low heat, warm the olive oil. Add the onions and carrots and sauté for 10 minutes. Add the sausages, raise the heat to medium and cook until the sausages are well browned. Deglaze with the wine. Add the milk and bring to a boil. Reduce heat to low and let simmer for at least 20 minutes.

Meanwhile, bring a large pot of water to a boil. Add salt and the pasta and cook until al dente. Drain the pasta, reserving the pasta cooking water, and add the pasta to the skillet. Add the reserved pasta water, 1 tablespoon at a time, as needed. Add the Parmigiano and mix well. Serve hot. Serves 4

Imbiondire le cipolle e le carote nell'olio a fiamma molto bassa. Rosolare le salsicce a fuoco alto. Far evaporare il vino ed aggiungere il latte portandolo ad ebollizione. Abbassare la fiamma e lasciar cuocere per almeno 20 minuti.

Versare i rigatoni cotti "al dente," mescolando il parmigiano. Servite ben caldo. Per 4 persone

Rigatoni alla Roberto

Rigatoni with Eggplant and Peppers
Rigatoni con Melanzane e Peperoni

The rustic pleasure of Tuscany and Umbria are highlighted in this flavorful and festive dish.

Le rustiche delizie della Toscana e dell'Umbria sono accentuate in questo piatto gustoso e festivo.

2 tablespoons extra-virgin olive oil
1 clove garlic, sliced
4 anchovy fillets, packed in salt, rinsed
1 eggplant, diced
3 medium tomatoes, chopped
1 roasted yellow bell pepper, chopped
½ tablespoon capers, chopped
12 Kalamata olives, pitted and sliced
3 basil leaves, chopped
salt and freshly ground pepper
¾ pound rigatoni
2 tablespoons Parmigiano-Reggiano, or substitute ricotta salata, grated

1 peperone giallo
2 cucchiai di olio extravergine d'oliva
1 spicchio d'aglio
4 filetti di acciuga
1 melanzana
300 g di pomodori
½ cucchiaiata di capperi
una dozzina di olive nere
basilico
sale e pepe
350 g di rigatoni
2 cucchiaiate di parmgiano-reggiano o ricotta salata

In a skillet over medium heat, warm the olive oil and garlic. Add the anchovies and mash them with a small fork and cook until they disenegrate. Raise the heat to high and add the eggplant. Cook, stirring, for 5 minutes. Add the tomatoes, pepper, capers, black olives and basil. Season with salt and pepper. Reduce heat to medium and cook for 15 minutes.

Meanwhile, bring a large pot of water to a boil. Add salt and the pasta and cook until al dente. Drain the pasta, reserving the cooking liquid, and transfer it to the skillet with the sauce. Toss well to coat. Add the pasta water, 1 tablespoon at a time, as needed. Toss and serve sprinkled with the Parmigiano. Serves 4

Lavate il peperone ed asciugatelo. Infilzatelo con una forchetta dalla parte del gambo e passatelo direttamente sulla fiamma del gas girandolo continuamente fino a che tutta la pelle sarà bruciacchiata. Chiudete il peperone in un sacchetto di carta di pane. Il vapore che si formerà all'interno farà staccare la pellicina dalla polpa. Spellatelo ed evitate di lavarlo. Quindi tagliatelo a listarelle sottili.

Tagliate i pomodori a pezzi. Sciacquate i capperi, asciugateli e tritateli. Scaldate l'olio in una padella e a fuoco medio, imbiondite lo spicchio d'aglio tagliato a fettine.

Prima che l'aglio scurisca unitevi i filetti di acciughe e schiacciateli con una forchetta per farli sciogliere nell'olio prima di unirvi i dadini di melanzane. Rialzate la fiamma e, mescolando continuamente, fate insaporire la melanzana nel soffritto per qualche minuto. Unitevi i pomodori, i peperoni, i capperi, le olive tagliuzzate, il basilico spezzettato. Insaporite con sale e pepe e mescolate. Lasciate cuocere per un quarto d'ora e più secondo il gusto, tenendo comunque presente che le verdure rimangano consistenti.

Cuocete la pasta e scolatela al dente, amalgamatela con il sugo e servitela spolverata di formaggio o, se disponibile, con ricotta salata. Per 4 persone

Tagliatelle with Chickpeas and Shrimp
Tagliatelle con Ceci e Gamberi

This is another classic dish that emphasizes the flavor of the sea by using the typical Tuscan-Umbrian shrimp. It has become a customary dish in Parco Fiorito.

Un altro classico che unisce il gusto del mare ai legumi tipici della zona umbro-toscana e che è diventato un piatto abituale a Parco Fiorito.

7 ounces dried chickpeas	7 ounces shrimp, peeled and deveined
½ teaspoon baking soda	salt
5 tablespoons extra-virgin olive oil, divided	½ cup parsley, chopped, divided
2 cloves garlic, divided	3 tomatoes, sliced
2 stalks celery, chopped	¾ pound tagliatelle
2 carrots, chopped	

200 g di ceci secchi	sale
2 spicchi d'aglio	3 pomodori
olio extravergine d'oliva	320 g di tagliatelle
2 costole di sedano	
2 carote	
200 g di gamberi	
prezzemolo	

In a bowl, combine the chickpeas with enough water to cover and the baking soda and soak overnight then drain.

In a large pot (preferably terra cotta) over medium heat, combine 2 tablespoons of the olive oil, 1 clove garlic, the celery and carrots. Cook until the garlic begins to turn golden. Add the chickpeas and cook for 10 minutes. Add enough hot water to cover and reduce heat to low. Cook for about 1½ hours or until the chickpeas are tender. Stir frequently, adding water if necessary.

When the chickpeas are almost fully cooked, bring a small pot of water to a boil. Add the shrimp and boil for 3 minutes. Remove from the heat, drain and set aside to cool.

In a large skillet over medium-high heat, warm the remaining olive oil and garlic clove. Remove the garlic when it begins to turn brown. Add the shrimp and season with salt and the parsley. Add the tomatoes and cook for 3 minutes. Add the chickpeas and vegetables and cook for another 5 minutes.

Bring a large pot of water to a boil. Add salt and the pasta and cook until al dente. Drain the pasta, reserving the pasta cooking water, and add it to the skillet. Toss well to coat. Add the pasta cooking water, 1 tablespoon at a time, as needed. Transfer to a serving platter, sprinkle with the remaining parsley and serve. Serves 4

Mettete a bagno i ceci la sera prima, unendo all'acqua una punta di bicarbonato.

Soffriggete uno spicchio d'aglio intero in una casseruola, preferibilmente di terracotta, con due cucchiai di olio, il sedano e le carote tritati. Eliminate l'aglio quando ha preso colore, aggiungete i ceci scolati dall'acqua di ammollo e lasciateli insaporire per circa 10 minuti nel soffritto; copriteli abbondantemente con l'acqua calda e fateli cuocere a fuoco basso per un'ora e mezzo circa, finché saranno teneri, mescolando spesso e aggiungendo altra acqua se necessario.

Quando i ceci saranno quasi cotti, scottate i gamberi per qualche minuto (possibilmente al vapore). Lasciateli raffreddare e sgusciateli.

Soffriggete l'altro spicchio d'aglio in una larga padella con tre cucchiai di olio; eliminatelo quando è dorato, unitevi i gamberi, salateli e conditeli con il prezzemolo tritato e i pomodori tagliati a filetti. Aggiungete i ceci e il loro fondo e lasciate insaporire per qualche minuto

Cuocete la pasta in abbondante acqua salata, saltate in padella per un paio di minuti mescolando. Servite spolverando con il prezzemolo. Per 4 persone

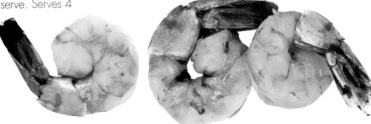

Reginette with Sausage and Balsamic Vinegar

This substantial first course is characterized by the sausage, a product of Parco Fiorito. This is also great as a main course.

2 tablespoons extra-virgin olive oil
1 small onion, chopped
7 ounces fresh sausage, finely chopped
2 medium tomatoes, blanched, peeled and chopped
salt and freshly ground pepper
¾ pound reginette, or substitute pappardelle or tagliatelle
2 tablespoons balsamic vinegar
Parmigiano-Reggiano, grated

In a large skillet over medium heat, warm the olive oil. Add the onions and the sausage and sauté until the sausage turns brown. Add the tomatoes, season with salt and pepper and cook for 15 minutes.

Meanwhile, bring a large pot of water to a boil. Add salt and the pasta and cook until al dente. Drain, reserving the pasta water, and add it to the skillet with the sauce. Add the balsamic vinegar. Cook, stirring, for 2 more minutes. Add the reserved pasta cooking water, 1 tablespoon at a time, as needed. Remove from the heat then top with the Parmigiano and serve immediately. Serves 4

Un primo sostanzioso valorizzato dalla salsiccia (verace) prodotta a Parco Fiorito. Ottimo anche come piatto unico.

2 cucchiai di olio extravergine d'oliva
1 cipolla piccola
100 g di salsiccia fresca
250 g di pomodori pelati
sale e pepe
360 g di reginette
2 cucchiai di aceto balsamico tradizionale
parmigiano-reggiano grattugiato

Mondate la cipolla e tritatela. Spellate la salsiccia e sminuzzatela finemente. Scaldate l'olio in una padella, unitevi la salsiccia e la cipolla e fate rosolare dolcemente il tutto a fuoco moderato, finché avrà preso un leggero colore.

Aggiungete quindi i pomodori sminuzzati, salate, pepate e proseguite la cottura a fuoco vivo per circa un quarto d'ora.

Cuocete le reginette, scolatele al dente e saltatele in padella con la salsa, unendo anche l'aceto balsamico. Togliete dal fuoco, spolverate con il parmigiano grattugiato e servite le reginette ben calde. Per 4 persone

Reginette con Salsiccia e Aceto Balsamico

Spaghetti "alla Chitarra" with Red Radicchio

This dish is simple and flavorful. Traditionally, radicchio is enhanced by pancetta that is produced regionally in Parco Fiorito. Without the pancetta this is an ideal dish for vegetarians.

2 tablespoons extra-virgin olive oil	½ cup milk
1 onion, minced	salt
¼ pound pancetta, cubed (optional)	½ teaspoon saffron
½ pound red radicchio, julienned	¾ pound chitarra pasta, or substitute spaghetti
	Parmigiano-Reggiano, grated

In a large skillet over medium heat, warm the olive oil. Add the onions and pancetta and sauté until the onions are translucent. Add the radicchio and the milk to the skillet and season with salt. Bring to a gentle boil and cook until the sauce thickens. Add the saffron and mix well.

Meanwhile, bring a large pot of water to a boil. Add salt and the pasta and cook until al dente. Drain the pasta, reserving the water, and add it to the skillet with the sauce. Toss well to coat. Add the reserved pasta cooking water, 1 tablespoon at a time, as needed. Transfer the pasta to a serving platter and top with Parmigiano. Serves 4

Un piatto semplice e gustoso dove il radicchio viene esaltato dalla genuina pancetta che produciamo a Parco Fiorito. Senza quest'ultima, è un ottimo piatto vegetariano.

olio extravergine d'oliva	320 g di spaghetti alla chitarra
1 cipolla	parmigiano-reggiano grattugiato
100 g di pancetta a dadini	
200 g di radicchio rosso	
250 ml di latte	
sale	
1 bustina di zafferano	

Tritate finemente la cipolla e fatela rosolare in una padella con l'olio e la pancetta a dadini. Mondate il radicchio rosso, riducetelo a striscioline e fatelo appassire assieme al soffritto. Irrorate con il latte, salate leggermente, fate riprendere il bollore fino a quando la salsa non si sarà addensata, unite lo zafferano e mescolate.

Nel frattempo cuocete gli spaghetti in abbondante acqua salata, scolateli bene al dente. Fateli saltare nel sugo, quindi portateli in tavola cosparsi di parmigiano grattugiato. Per 4 persone

Chitarra al Radicchio Rosso

Spinach Gnocchi with Sage Butter

A light and simple first course that's easy to make.

2 pounds fresh spinach
10 ounces ricotta
3 ounces Parmigiano-Reggiano
2 eggs
1 egg yolk
1 teaspoon salt
½ teaspoon nutmeg, grated
½ cup flour, divided
8 tablespoons butter
8 sage leaves

Wash, dry and chop the spinach. In a bowl, combine the spinach, ricotta, Parmigiano, eggs, egg yolk, salt, nutmeg and ½ the flour. Using a fork or your fingers, work the ingredients together unitl a dough forms. Form the spinach dough into tablespoon-sized balls (the size of the gnocchi can be large or small, depending on your preference, as long as they are uniform in size) and dredge in the remaining flour, shaking off any excess.

In a small saucepan over medium heat, melt the butter until golden brown. Add the sage leaves then remove from the heat.

Bring a large pot of water to a boil. Add salt and the gnocchi and cook until they begin to float, about 5 minutes. Remove the gnocchi using a slotted spoon and arrange on a warmed serving platter. Drizzle with the sage butter, top with the Parmigiano and serve. Serves 4

Un primo delicato e leggero, di facile esecuzione.

1 kg di spinaci
300 g di ricotta
100 g di parmigiano-reggiano
2 uova
un tuorlo
sale
noce moscata grattugiata
60 g di farina
burro
salvia

Lessate gli spinaci, strizzateli bene, tritateli e mescolateli con la ricotta, il parmigiano, le uova, il tuorlo, il sale, la noce moscata e metà della farina. Prendete l'impasto a cucchiaiate, formate delle polpettine a forma di turacciolo e rotolatele nella restante farina.

Tuffatele poco per volta in una casseruola bassa e larga piena di acqua salata in ebollizione e cuocetele finché non tornano a galla.

Scolatele con il ramaiolo e mettetele sul piatto di portata riscaldato. Cospargetele di parmigiano e di abbondante burro fuso color nocciola con salvia e servite in tavola. Per 4 persone

Gnocchi di Spinaci con Burro Salvia

Tagliatelle with Walnut Sauce

A simple and tasty dish.

3 tablespoons breadcrumbs
3 tablespoons milk, plus extra
3 cups walnuts, shelled
1 clove garlic
salt
3 tablespoons extra-virgin
  olive oil

¾ pound tagliatelle, or
  substitute linguine
2 tablespoons Parmigiano-
  Reggiano, grated

In a bowl, combine the breadcrumbs with just enough milk to moisten them. In a food processor, combine the walnuts, garlic and breadcrumbs and season with salt. Purée until smooth. Add 3 tablespoons milk and the olive oil and continue to purée until a smooth sauce forms.

Bring a large pot of water to a boil. Add salt and the pasta and cook until al dente. Drain the pasta and transfer it to a large serving bowl. Top with the sauce and toss well to coat. Garnish with the Parmigiano and serve.
Serves 4

Semplice e gustosa.

80 g di gherigli di noce
sale
1 spicchio di aglio
20 g di mollica di pane
latte
olio extravergine d'oliva q.b.
360 g di tagliatelle

2 cucchiai di parmigiano-
  reggiano grattugiato

Tuffate i gherigli in acqua bollente per qualche minuto, quindi spellateli con un coltellino appuntito.

Metteteli nel mortaio con un pizzico di sale, aglio e con la mollica di pane prima bagnata nel latte, poi ben strizzata. Pestate fino ad ottenere una pasta densa e cremosa, quindi amalgamatevi 3 o 4 cucchiai di latte e l'olio.

Cuocete la pasta, scolatela al dente e conditela con la salsa di noci completando con il parmigiano grattugiato.
Per 4 persone

Tagliatelle con Salsa di Noci

Bean and Taleggio Delight
Delizia di Legumi al Taleggio

This dish is a true favorite for those who love beans.

Molto indicata per chi ama i legumi.

10 ounces dry kidney beans,
soaked overnight and drained
salt
20 ounces fresh French cut
green beans, or substitute
canned, drained
10 ounces fresh fava beans,
peeled, or substitute canned,
drained

⅔ cup butter
½ cup walnuts, chopped
3 tablespoons balsamic vinegar
freshly ground pepper
⅔ pound Taleggio, or substitute
Fontina
2 tablespoons chives,
chopped

300 g di borlotti possibilmente
freschi sgusciati
sale e pepe
600 g di fagiolini
300 g di fave sgusciate
150 g di burro
50 g di gherigli di noce
3 cucchiai di aceto balsamico
300 g di taleggio

2 cucchiai di erba cipollina

Bring a medium-sized pot of water to a boil. Add salt and the kidney beans and cook until soft. Drain and set aside.

Bring a second medium-sized pot to a boil. Add salt, the green beans and fava beans and cook for 15 minutes. Drain and add to the kidney beans.

In a large skillet over medium heat, warm the butter. Add the walnuts and balsamic vinegar. Season with salt and pepper and mix well. Add the beans and toss well to coat. Add the Taleggio and mix until well combined. Distribute the beans evenly among 6 individual serving plates, top with the chives and serve. Serves 6

Cuocete i borlotti in acqua bollente salata finché saranno morbidi, scolateli e metteteli da parte.

Lessate separatamente per 15 minuti i fagiolini e le fave. Scolateli ed aggiungeteli ai borlotti.

Fate sciogliere il burro in una casseruola, unite i gherigli di noce, l'aceto balsamico, sale, pepe e versate il tutto sui fagioli.

Aggiungete il taleggio affettato, mescolate, distribuite nei piatti e guarnite con l'erba cipollina. Per 6 persone

Seafood Linguine
Linguine al Sapore di Mare

Another classic Genovese dish that is served frequently of Parco Fiorito.

2 tablespoons extra-virgin olive oil
5 cloves garlic, chopped
1 red chili pepper, chopped
1 pound mixed, raw seafood (calamari, shrimp, lobster, sea bass), cleaned and cut into small pieces
¼ cup white wine
1 pint cherry tomatoes
3 basil leaves, chopped
salt
¾ pound linguine
freshly ground pepper
3 sprigs parsley, chopped

In a large deep skillet over medium-high heat, warm the olive oil. Add the garlic and chili pepper and sauté until the garlic is golden. Reduce the heat to medium and add the seafood. Cook, stirring, for about 5 minutes. Deglaze with the wine. Add the tomatoes and basil and cook for 5 more minutes.

Meanwhile, bring a large pot of water to a boil. Add salt and the linguine and cook until almost al dente. Drain the pasta, reserving the water.

Add the pasta to the seafood and continue to cook over medium heat. Slowly add the water from the pasta, a ¼ cup at a time, allowing each addition to be absorbed before adding more. Season with salt and pepper and cook until the pasta is al dente. Garnish with the parsley and serve. Serves 4

Un altro classico della cucina genovese, piatto abituale a Parco Fiorito.

olio extravergine d'oliva a piacere
5 spicchi d'aglio
peperoncino
500 g di pesce misto (calamari, gamberi, astice, branzino) pulito, deliscato e tagliato in piccoli pezzi
2 dl di vino
300 g pomodori ciliegino
sale
basilico
320 g di linguine
pepe
prezzemolo

Riscaldare l'olio in un grande pentola ed aggiungere l'aglio ed il peperoncino sminuzzato. Aggiungere il pesce e cuocere a fuoco moderato per 5 minuti, mescolando frequentemente. Aggiungere il vino e lasciarlo evaporare. Aggiungere i pomodori ed il basilico. Cuocere per 5 minuti.

Cuocere le linguine in acqua salata molto al dente (Se l'etichetta dice 10 minuti, cucinali per 5 minuti) scolarle conservando l'acqua di cottura.

Unire le linguine alla salsa e continuare sul fuoco aggiungendo un mestolo dell'acqua di cottura. Controllare il sale e pepe. Servire spolverando con il prezzemolo. Per 4 persone

Pici

Even beyond the Duomo in Florence and the Leaning Tower of Pisa, this pasta is well-known throughout the world. It is a typical Tuscan meal that has also become known as "strangozzi" in Umbria.

8 cups semolina flour	1 egg, beaten
⅛ teaspoon salt	

On a clean, flat work surface, mound the flour and make a well in the center. Add about 1½ cups water, the salt and egg. Using a fork or your fingers work the dry ingredients into the wet until a dough begins to form. Knead the dough until soft, smooth and elastic.

Roll the dough out into a sheet about 1-inch thick. Cut it into sections about 1-by-4 inches and roll by hand into irregular, spaghetti-shaped forms. Serves 10

Oltre al Duomo di Firenze e alla Torre di Pisa, nel mondo tutti conoscono la pasta tipica della Toscana che in Umbria viene anche chiamata "strangozzi."

1 kg farina di grano duro	1 uovo
sale	

Stendete la farina e formate un buco al centro, dove inserite acqua, sale e l'uovo.

Dall'esterno verso il centro, mischiate la farina fino a creare un impasto morbido e liscio. Aggiungete costantemente farina sul piano di lavoro affinchè l'impasto non si attacchi.

Con l'impasto, formate delle strisce di circa 2x10cm e lavoratele con le mani a formare degli spaghetti di forma irregolare. Per 10 persone

Pici with Breadcrumbs

One of the most typical dishes of our region.

salt

1 pound pici

6 tablespoons extra-virgin olive oil

3 cloves garlic, chopped

1 red chili pepper, chopped

¾ cup breadcrumbs, divided

Bring a large pot of water to a boil. Add salt and the pici and cook for 10 minutes. The pasta should be soft, not al dente.

Meanwhile, in a large skillet over medium-high heat, warm the olive oil. Add the garlic and chili pepper and sauté until the garlic is golden. Add ½ of the breadcrumbs, season with salt and stir well until the breadcrumbs are toasted. Remove from the heat.

Drain the pici and transfer to the skillet along with the remaining breadcrumbs. Toss well to coat and serve immediately. Serves 4

Uno dei piatti piu' tipici del nostro territorio.

sale

400 g pici

olio extravergine d'oliva

aglio

peperoncino

100 g di pangrattato

Far cuocere i pici in acqua bollente salata per ca. 10 minuti, considerando che la cottura dipende sia dall'umidità che dalla consistenza dell'impasto. I pici devono essere ben cotti e non al dente.

Nel frattempo, versate 6-8 cucchiai di olio in una padella e quando è ben caldo aggiungete 3 spicchi d'aglio schiacciati e peperoncino rosso secondo il gusto e metà del pangrattato (pane secco grattugiato grossolanamente). Togliere immediatamente dal fuoco, affinchè il pangrattato non bruci.

Scolate i pici e versateli nella padella con il resto del pangrattato e serviteli ben caldi. Per 4 persone

Pici alla Briciola

Drunken Risotto with Gorgonzola

This risotto is enhanced by Sangiovese wine, which is produced in Parco Fiorito and follows a strict biological criteria.

2 tablespoons extra-virgin olive oil
1 shallot, minced
2 cups Carnaroli rice
2 cups Sangiovese
5 cups vegetable stock
3½ tablespoons butter
freshly ground pepper
9 ounces Gorgonzola
whole milk

In a deep skillet over medium heat, warm the olive oil. Add the shallot and sauté until translucent. Add the rice and toast, stirring, for 3 minutes. Deglaze with the wine and cook until it has been absorbed. Add the vegetable stock in ½-cup increments, allowing each addition to be absorbed before adding more. Cook, stirring, until the rice is tender and creamy. Remove from the heat, add the butter and season with pepper. Mix well.

In a small saucepan over medium heat, warm the Gorgonzola until melted. Add the milk, a little at a time, stirring, until creamy and smooth.

Divide the risotto evenly among 4 individual serving plates. Make a well in the center of each mound of risotto and fill each with some of the Gorgonzola cream. Serves 4

Questo risotto viene esaltato dal Sangiovese che produciamo a Parco Fiorito con criteri rigorosamente biologici.

olio extravergine d'oliva
1 scalogno
400 g di riso Carnaroli
2 bicchieri di vino Sangiovese
brodo q.b.
50 g di burro
pepe
250 g di Gorgonzola dolce
latte q.b.

Soffriggere lo scalogno tritato fine, aggiungere il riso e farlo tostare, sfumare con il vino e, versando gradatamente il brodo, portare a cottura.

Ritirare dal fuoco e mantecare con il burro.

In un pentolino far fondere il Gorgonzola con poco latte, mescolare e tenere in caldo.

Disporre il risotto a fontana sul piatto e al centro versare la fonduta di formaggio. Per 4 persone

Risotto Ubriaco al Gorgonzola

Linguine with Pesto

This dish is a classic of Genoa's cuisine. Genoa is the home of my friend Margherita, and thanks to her, this recipe has become a traditional dish of Parco Fiorito.

Un classico della cucina genovese che grazie alle origini della mia amica Margherita è diventato un piatto abituale a Parco Fiorito.

3 tablespoons pine nuts	1 cup green beans
2 cloves garlic	1 teaspoon salt
2 cups basil, washed and dried	2 potatoes, sliced
4 tablespoons extra-virgin olive oil	¾ pound linguine
4 ounces Parmigiano-Reggiano	1 tablespoon butter (optional)
4 ounces aged pecorino	

6 mazzetti di basilico tenero	una manciata di fagiolini
2 spicchi d'aglio	2 patate
una manciata di pinoli	320 g di linguine
100 g di formaggio pecorino stagionato	
100 g di parmigiano-reggiano	
olio extravergine d'oliva a piacere	

In a food processor, combine the pine nuts and the garlic and process until well mixed. Add the basil, cheeses and continue to process. With the motor running, add the olive oil in a slow, steady stream and continue to process until creamy.

Bring a small pot of water to a boil. Add the green beans and cook until tender then drain. Bring a separate large pot of water to a boil. Add the salt and potatoes and cook for about 5 minutes. Add the pasta and green beans. Cook until the pasta is al dente. Drain and transfer the pasta-potato mixture to a large serving bowl. Top with the pesto sauce and toss well to coat. If desired, add the butter and mix until melted. Serves 4

Mettere nel frullatore prima pinoli e aglio, le foglie di basilico private dei gambi, lavate ed asciugate, il formaggio grattugiato e l'olio, mescolare un po' perché possa amalgamarsi bene. Frullare fino ad ottenere un composto cremoso ed omogeneo.

Far cuocere a parte i fagiolini nell'acqua bollente per qualche minuto. Nella pentola della pasta, salare l'acqua, aggiungere le patate tagliate a fette e far bollire per qualche minuto, quindi aggiungere la pasta e i fagiolini. A cottura ultimata, scolare e condire con il pesto e un poco d'acqua di cottura. Volendo, aggiungere anche un po' di burro. Per 4 persone

Linguine al Pesto

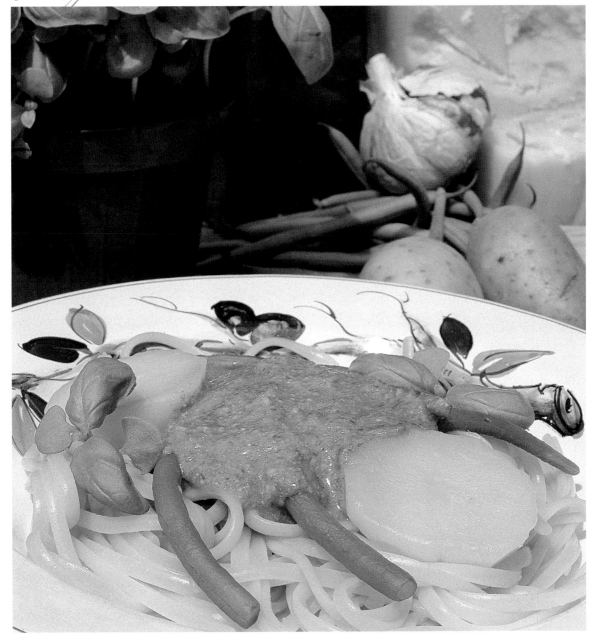

Spaghetti with Mussel Pesto
Spaghetti al Pesto di Cozze

This is a creative pesto that uses seafood.

Questo è un pesto creativo, usando i frutti del mare.

4 tablespoons extra-virgin olive oil
2 cloves garlic, chopped
1 pound mussels, debearded, washed and dried
1 stalk celery, chopped
½ onion, chopped
½ cup pine nuts, chopped
3 sprigs parsley, chopped
1 tablespoon whole yogurt, preferably Greek
salt
¾ pound spaghetti

olio extravergine d'oliva
500 g di cozze
aglio
sedano
cipolle
pinoli
prezzemolo
Un cucchiaio di yogurt intero
sale
320 g di spaghetti

In a large, deep skillet over medium heat, warm the olive oil. Add the garlic and mussels and reduce heat to low. Remove the mussels from the skillet once they open and set aside to cool. Discard any mussels that did not open. Set the skillet with the juices aside.

Chop ¾ of the mussels and transfer to a bowl. Add the celery, onions, pine nuts and parsley and mix well. Transfer the mixture to the skillet. Add the yogurt and cook over medium heat until well combined.

Meanwhile, bring a large pot of water to a boil. Add salt and the pasta and cook until al dente. Drain the pasta and transfer it to a serving platter. Add the pesto and toss well to coat. Garnish with the remaining mussels. Serves 4

aCuocere a fuoco lento, in una padella le cozze ben lavate e sgocciolate, con un filo d'olio d'oliva e dell'aglio. Quando le cozze saranno aperte, togliere dal fuoco la padella e lasciar raffreddare.

Fare un trito di sedano, cipolle, pinoli, prezzemolo con tre quarti delle cozze sgusciate. Soffriggere il trito leggermente allungandolo con un cucchiaio di yogurt intero, preferibilmente greco.

Contemporaneamente cuocere la pasta scolandola al dente. Saltare il trito con la pasta guarnendo poi il piatto con le cozze rimaste. Per 4 persone

Garden Fresh Couscous
Couscous ai Sapori dell' Orto

A unique dish that fights against melancholy and depression.

Un piatto unico contro malinconia e depressione.

¾ pound couscous, or substitute Basmati rice
salt
½ pound fava beans, peeled, or substitute frozen
⅓ pound baby carrots, chopped
¼ cup parsley, chopped
3 tablespoons sunflower seeds, shelled
freshly ground pepper
6 tablespoons extra-virgin olive oil

350 g di couscous
sale
200 g di fave possibilmente fresche sgusciate
150 g di carotine
1 ciuffo di prezzemolo
3 cucchiai di semi di girasole
pepe
olio extravergine d'oliva

Cook the couscous by following the directions provided on the package. Bring a pot of water to a boil. Add salt and the fava beans and cook until the favas turn white. Remove from the heat and drain. Rinse the favas with cold water and allow them to drip dry.

In a bowl, combine the couscous with the vegetables, parsley and sunflower seeds, then season with salt and pepper.

In a large, deep skillet over medium-high heat, warm the olive oil. Add the couscous mixture and warm for 1 to 2 minutes. Remove from the heat and serve. Serves 4

Cuocere il couscous seguendo le istruzioni sulla confezione. Lessare le carote, scolarle e tagliarle a tocchettini. Eliminare la buccia esterna delle fave e sbiancarle cuocendole in acqua bollente salata fino alla ripresa del bollore, scolandole, immergendole in acqua fredda e quindi sgocciolandole

Poi mescolare il couscous con le verdure, il prezzemolo tritato, i semi di girasole. Salare e pepare.

Terminare facendolo saltare in una padella capiente antiaderente con 6 cucchiai di olio bollente. *Per 4 persone*

Linguine with Broccoli Pesto

An original variation of the famous Genovese basil pesto.

salt
1⅓ pounds broccoli florets
¼ cup pine nuts
2 cloves garlic, divided
⅛ cup Parmigiano-Reggiano
2 tablespoons extra-virgin
    olive oil, plus extra

2 small onions, chopped
2 cups heavy cream
freshly ground pepper
1 pound linguine
oregano leaves for garnish

Bring a large pot of water to a boil. Add salt and the broccoli and cook until the broccoli is bright green. Drain the broccoli and immediately transfer it to a bowl of ice water. Drain the broccoli and set aside a few of the florets for garnish. In a food processor, combine the remaining florets with the pine nuts, 1 garlic clove and the Parmigiano. Purée while adding olive oil in a slow steady stream, until a lumpy sauce forms.

In a medium-sized skillet over medium-high heat, warm 2 tablespoons of olive oil. Chop the remaining garlic clove and add it along with the onions to the skillet. Sauté until the onions are translucent. Add the broccoli pesto to the skillet and simmer for 2 minutes. Slowly pour the cream into the skillet, stirring constantly, and return to a gentle boil. Cook until the sauce thickens and any excess liquid has been absorbed. Season with salt and pepper.

Bring a large pot of water to a boil. Add salt and the pasta and cook until al dente. Drain the pasta and add it to the skillet with the pesto. Toss well to coat and transfer to a large serving platter. Garnish with the broccoli florets and the oregano leaves. Serves 4

Una originale variante del famoso pesto di basilico genovese.

sale
600 g di broccoli
4 cucchiai di pinoli,
2 spicchi d'aglio
4 cucchiai di parmigiano–
    reggiano grattugiato,
1 dl di olio extravergine d'oliva

2 piccole cipolle
5 dl di panna liquida fresca
pepe
450 g di linguine
foglioline fresche di origano

Cuocete in acqua bollente salata i broccoli ridotti a cimette, scolateli appena assumono un colore verde brillante, poi immergeteli in acqua fredda e sgocciolateli nuovamente. Mettete da parte qualche cimetta per la guarnizione e frullate le altre con i pinoli, uno spicchio d'aglio schiacciato, il Parmigiano Reggiano grattugiato, infine unite l'olio fino ad ottenere un composto granuloso.

Sbucciate e schiacciate uno spicchio d'aglio in una larga padella con altro olio, unitevi una piccola cipolla tritata finemente e cuocete fino a quando diventa trasparente. Aggiungete quindi il pesto di broccoli e lasciate insaporire per qualche istante, poi versate la panna e lasciate sobbollire fino a quando la salsa inizia ad addensarsi: salate e pepate.

Nel frattempo avrete cotto al dente in acqua bollente salata le linguine: scolatele, trasferitele nella padella con la salsa, mescolate, guarnite con le cime di broccoli tenute da parte e qualche fogliolina fresca di origano e servite. *Per 4 persone*

Linguine al Pesto di Broccoli

Farro with Fava Beans

This dish blends fava beans with farro, a grain that is a favorite with health-conscious cooks.

3 cups farro
4 tablespoons extra-virgin olive oil, divided
1 stalk celery, finely chopped
1 carrot, finely chopped
1 onion, finely chopped
1 quart vegetable stock
½ cup dry white wine
7 ounces fava beans, or substitute canned, drained
salt and freshly ground pepper
2 ounces aged pecorino, crumbled

Fill a large bowl with warm water and add the farro. Soak for 3 hours, then drain and place in a medium-sized saucepan. Fill with enough cold water to cover. Bring to a boil and cook for 20 minutes, then drain.

Meanwhile, in a large skillet over medium heat, warm 3 tablespoons of olive oil. Add the celery, carrots and onions and sauté until they begin to brown. In a small saucepan, bring the vegetable stock to a boil, then reduce the heat to low.

Pour the wine over the farro and stir. Add the farro to the skillet with the vegetables and cook until the wine has been absorbed. Add the vegetable stock in ½-cup increments, allowing each addition to be absorbed before adding more. Cook for 15 more minutes, until tender and creamy.

In a small skillet over medium-high heat, warm the remaining olive oil. Peel the fava beans and add them to the skillet. Cook for 15 minutes and season with salt and pepper. Remove from the heat and add the fava beans to the large skillet with the farro, about 5 minutes before the farro is cooked through. Remove from the heat, transfer to a serving platter. Top with the pecorino and serve. Serves 4

Questo piatto mescola le fave al farro, un grano preferito dagli chef per la cucina della salute.

350 g di farro
4 cucchiai di olio extravergine d'oliva
una costa di sedano
1 carota
1 cipolla
brodo vegetale
½ bicchiere di vino bianco secco
200 g di fave
sale e pepe
60 g di pecorino

Mettete a bagno in acqua tiepida per 3 ore il farro, scolatelo, trasferitelo in una casseruola, versatevi abbondante acqua fredda, coprite, portate ad ebollizione, cuocete per 20 minuti e scolate.

Versate in una casseruola 3 cucchiai di olio, unite il sedano, la carota, la cipolla, tritate finemente e fate rosolare: aggiungete il farro, bagnate con il vino, fate evaporare e cuocete per 15 minuti aggiungendo, poco alla volta, brodo caldo vegetale (ne servirà un litro).

Versate in una padella il rimanente olio, unite le fave private della pellicina esterna, salate, profumate con del pepe, mescolate, fate saltare a fuoco vivo per 15 minuti ed unitele al farro 5 minuti prima del termine di cottura. Incorporate al farro il pecorino stagionato ridotto a scaglie e servite. Per 4 persone

Farro con Fave

Main Courses

Main Courses

Secondi

Saltimbocca with Apricots

Our version of saltimbocca, made with pork instead of the traditional veal.

La nostra variante della saltimbocca che utilizza maiale.

10 apricots, or substitute 12 ounces dried apricots
8 slices prosciutto
2 pounds boneless pork, cut into 8 thin slices
2 teaspoons marjoram
½ cup extra-virgin olive oil
2 cloves garlic
2 cups dry white wine
salt and freshly ground pepper

10 albicocche
160 g di prosciutto crudo toscano
1 kg di muscolo di maiale affettato sottile
maggiorana
olio extravergine d'oliva
due spicchi d'aglio
un bicchiere di vino bianco secco
sale e pepe q.b.

Cut each of the apricots into 4 sections and remove the pits. Arrange 1 slice of prosciutto on top of each slice of pork then top with 5 apricot sections and sprinkle with marjoram. Fold each in ½ and secure with a toothpick.

In a large skillet over medium-high heat, warm the olive oil. Add the garlic and the pork and cook until browned on all sides. Add the white wine and cook until the wine evaporates. Remove the garlic cloves and transfer the saltimbocca to a serving platter. Season with salt and pepper. Drizzle with the juices from the skillet. Serves 4

Tagliare le albicocche in 4 spicchi eliminando i noccioli. Scartare il grasso del prosciutto e dividere ogni fetta a metà nel senso della larghezza. Distribuire sulle fettine di lonza mezza fetta di prosciutto, uno spicchio di albicocca e della maggiorana. Poi piegarle a metà e fermarle con uno stecchino di legno.

Far dorare lo spicchio d'aglio in 6 cucchiai d'olio e rosolarvi la carne a fiamma alta. Spruzzare con il vino e lasciare evaporare. Eliminare l'aglio, trasferire i saltimbocca nei piatti individuali e irrorarli con il fondo di cottura. Per 4 persone

Saltimbocca alle Albicocche

Chicken in Bianco

Simple but tasty, this dish is great accompanied by white rice.

Semplice ma buono. Si può accompagnare con riso bianco.

2 tablespoons extra-virgin olive oil

2 large white onions, finely chopped

1 tablespoon coriander seeds

2 tablespoons dried red chili pepper, seeds removed

1 pound chicken breast, cubed

1 tablespoon balsamic vinegar

salt and freshly ground pepper

1 cup whole yogurt

2 cucchiai di olio extravergine d'oliva

300 g di cipolle bianche

un cucchiaio di semi di coriandolo

una presa di peperoncino piccante secco sbriciolato

500 g di petto di pollo tagliato a cubetti

un cucchiaio di aceto balsamico

sale e pepe q.b.

200 g di yogurt intero

In a large nonstick skillet over medium heat, warm the olive oil. Add the onions, coriander and chili pepper and cook for 7 minutes. Add the chicken and vinegar and stir. Raise the heat to medium-high and cook for 2 to 3 minutes. Season with salt and pepper and add 3 to 4 tablespoons of hot water. Reduce the heat to medium and add the yogurt. Cook for another 5 to 6 minutes, stirring frequently until the chicken is cooked through and a smooth sauce forms. Serves 4

Affettate sottilmente le cipolle bianche e fatele appassire a fuoco lento in una padella di tipo anti-aderente con l'olio extravergine d'oliva, un cucchiaio di semi di coriandolo e una presa di peperoncino piccante secco sbriciolato. Unite il petto di pollo tagliato a cubetti: spruzzate con un cucchiaio di aceto balsamico, mescolate, fate dorare a fuoco vivo per almeno 2-3 minuti, quindi salate pepate e aggiungete 3-4 cucchiai di acqua calda, lo yogurt intero e cuocete ancora per 5-6 minuti a fuoco medio, mescolando spesso. Servite. Per 4 persone

Pollo in Bianco

Pork and Bean Stew

A pleasant combination of traditional products, like the pork and beans typical of our region.

aUna combinazione felice di prodotti genuini come la carne dei nostri maiali ed i fagioli tipici della nostra terra.

1 pound dried cannellini
   beans, soaked overnight
   and drained
1 small onion, chopped
1 stalk celery, chopped
2 carrots, chopped, divided
salt
2 pounds pork cutlets
4 tablespoons extra-virgin
   olive oil

1 shallot, chopped
1 bay leaf
1 sprig rosemary
1 teaspoon dried thyme
freshly ground pepper
½ cup dry white wine
2 large tomatoes, diced
vegetable stock, heated

500 g di fagioli
una piccola cipolla
una costa di sedano
2 carote
900 g di muscolo di maiale
4 cucchiai di olio extravergine
   d'oliva
uno scalogno
una foglia d'alloro
un rametto di rosmarino

una presa di timo secco
una macinata di pepe
mezzo bicchiere di vino
   bianco secco
300 g di polpa di pomodoro
   tagliata a dadini
brodo vegetale

In a large pot combine the beans with enough water to cover. Add the onions, celery and 1 of the carrots, then season with salt. Cook over medium-low heat for 1 hour.

Meanwhile, cut the pork into cubes. In a large, non-stick skillet over medium-high heat, warm the olive oil. Add the pork, shallots, the remaining carrot, bay leaf and rosemary and cook for 10 minutes. Add the thyme and season with salt and pepper. Add the white wine and cook until it evaporates. Add the tomatoes, reduce the heat to medium-low and continue to cook for 30 minutes. If necessary, add vegetable stock to prevent the pork from drying out. Remove the beans from the heat and drain. Add them to the skillet and cook for 10 minutes. Remove from the heat and set aside to cool. Serve warm. Serves 4

Mettete i fagioli in una casseruola, copriteli con abbondante acqua, unite una piccola cipolla, una costa di sedano e una carota, salate poco e cuocete per circa un'ora.

Nel frattempo tagliate il maiale a cubetti di circa 2-3 cm di lato e fateli rosolare in una padella di tipo anti-aderente con olio extravergine d'oliva, uno scalogno sbucciato e tritato, una carota raschiata e tritata, una foglia d'alloro e un rametto di rosmarino. Salate, profumate con una presa di timo secco e una macinata di pepe, bagnate con mezzo bicchiere di vino bianco secco e lasciatelo evaporare a fuoco vivo. Unite quindi la polpa di pomodoro, abbassate il fuoco e continuate la cottura per circa un'ora, unendo, se occorre, un po' di brodo vegetale caldo. Dopodiché aggiungete i fagioli ben scolati, regolate di sale e proseguite la cottura per altri 10 minuti, quindi servite tiepido. Per 4 persone

Spezzatino di Maiale con Fagioli

Lamb "all' Uccelletto"

A simple way to emphasize the flavor of lamb.

5 tablespoons extra-virgin olive oil
1½ pounds lamb chops
2 cloves garlic, chopped
1 cup parsley, chopped
1 red chili pepper, seeds removed and chopped

1 sprig rosemary, chopped
4 sage leaves, chopped
1 cup white wine
salt

In a large skillet over medium-high heat, warm the olive oil. Add the lamb and cook until all the sides are golden brown. Add the garlic, parsley, chili pepper, rosemary and sage. Add the white wine and season with salt. Reduce the heat to medium and cook until the wine evaporates and a thick sauce forms. Serve immediately. Serves 4

Un modo semplice per esaltare il sapore dell'agnello.

5 cucchiai di olio extravergine d'oliva
750 g di polpa di agnello tagliata a striscioline
2 spicchi d'aglio
un ciuffo di prezzemolo
un peperoncino piccante

un rametto di rosmarino
4 foglie di salvia
vino bianco
sale

Fate scaldare l'olio in una padella grande: aggiungete le striscioline di carne e fatele rosolare da tutte le parti, mescolando di tanto in tanto. Mondate e tritate aglio, prezzemolo, peperoncino, rosmarino e salvia. Spargete il trito sulla carne rosolata, bagnate con un bicchiere di vino bianco, salate e cuocete a fuoco medio fino a che il vino sarà evaporato e si sarà formato un sughetto denso. Servite subito. Per 4 persone

Agnello all' Uccelletto

Orange-Flavored Duck

A classic recipe for preparing duck, this recipe retains the maximum amount of the duck's flavor.

Una ricetta classica per preparare l'anatra valorizzando al massimo il suo sapore.

1 bunch sage leaves, minced
1 bunch rosemary, leaves
 only, minced
1 duck, about 4 pounds
extra-virgin olive oil
juice of 3 oranges, divided

juice of 2 lemons, divided
1 cup white wine
½ cup cognac
½ cup Grand Marnier
8 ounces chicken stock
orange slices for garnish

1 anatra
olio extravergine d'oliva
salvia
rosmarino
3 arance
2 limoni

1 bicchiere di vino bianco
1 bicchierino di cognac
1 bicchierino di Grand
 Marnier
brodo di pollo

Preheat the oven to 350°. In a bowl combine the sage and the rosemary. Rub the duck with olive oil and the sage-rosemary mixture. Arrange the duck in a pan and transfer to the oven to cook for 10 minutes. Add the juice of 1 lemon and 1 orange and cook for an additional hour and 30 minutes, deglazing with ¼ cup wine, about every 20 minutes.

Remove the duck from the oven. In a bowl, combine the remaining lemon and orange juices, the cognac, Grand Marnier and chicken stock and pour the mixture over the duck. Transfer the pan back to the oven to cook for an additional 5 minutes.

Remove the duck from the oven and cut into pieces. Arrange the duck with the sauce on a serving platter and garnish with orange slices. Serves 4

Ungete con olio un'anatra e mettetela in forno con salvia e rosmarino a 180 gradi. Dopo 10 minuti aggiungete il succo di un'arancia e un limone, lasciate cuocere 1 ora e ½ aggiungendo un bicchiere di vino bianco.

Terminata la cottura, aggiungete succo di arancia e limone, un bicchierino di cognac, un bicchierino di Grand Marnier, un dado e cuocete per qualche minuto.

Tagliate l'anatra a pezzi, coprite con la salsa e guarnite il piatto di portata con fette d'arancia. Per 4 persone

Anatra all' Arancia

Roast Pork with Cream Sauce

A light way to prepare pork.

5 tablespoons extra-virgin olive oil, divided	⅔ cup dry white wine
2 pounds onions, peeled and chopped	⅔ cup whole milk
	9 ounces mascarpone
2 pounds boneless pork tenderloin	

In a large skillet over medium-low heat, warm 3 tablespoons of the olive oil. Add the onions and sauté until translucent, then set aside.

Preheat the oven to 350°. In a separate, oven safe skillet over medium-high heat, warm the remaining olive oil. Add the pork and sear until golden brown on all sides. Add the white wine and cook until it evaporates. Add the milk and bring to a boil.

Cover only the pork with the mascarpone and transfer the skillet to the oven to cook for about 20 minutes, until the pork reaches 120° (measured internally with a meat thermometer). Remove from the oven and set aside to cool slightly, then slice.

Meanwhile, transfer the contents of the skillet to a food processor. Add the onions and purée until smooth. Arrange the pork slices on a serving platter and drizzle them with the sauce. Serve immediately accompanied by some roasted potatoes, if desired. Serves 4

Un modo delicato di proporre il maiale.

olio extravergine d'oliva	250 g di mascarpone
1 kg di cipolle	
1 muscolo di maiale di circa 1 kg ben legato	
7 dl di vino bianco secco	
7 dl di latte intero	

Imbiondire le cipolle nell'olio a fiamma molto bassa.

Rosolare il muscolo di maiale a fuoco alto. Far evaporare il vino ed aggiungere il latte portandolo ad ebollizione.

Inserire il tegame nel forno precedentemente riscaldato a 180° dopo aver ricoperto la carne con il mascarpone e lasciar cuocere 20 minuti (se utilizzate la sonda programmate una temperatura interna di 50°).

Affettare la carne e riporla nuovamente nel tegame ricoprendola con la sua stessa crema di cottura passata nel mixer. Se richiede ancora cottura, rimetterla nel forno quanto necessario. Servire a tavola ben caldo preferibilmente con un contorno di patate al forno. Per 4 persone

Arrosto di Maiale al Latte

Guinea Fowl with Mascarpone

A simple way to prepare guinea fowl and maintain its natural flavor.

Una ricetta semplice per preparare in modo delicato la faraona valorizzandone il gusto.

1 ounce dried porcini mushrooms

1 large guinea fowl, or substitute 1 chicken, about 4 pounds

salt and freshly ground pepper

9 ounces mascarpone

¾ cup butter

1 sprig rosemary

30 g di funghi porcini secchi

1 faraona

sale e pepe

250 g di mascarpone

200 g di burro

un rametto di rosmarino

In a bowl combine the mushrooms with enough warm water to cover and set aside to soak for 15 minutes, then drain. Season the inside and outside of the fowl with salt and pepper and fill it with the mascarpone and the mushrooms. Transfer to the refrigerator to rest for at least 3 hours.

In a large skillet over medium heat, warm the butter with the rosemary. Add the fowl and cook, turning often, until all the sides are golden brown and the fowl is cooked through. Remove the fowl from the skillet and cut it into pieces. Transfer the fowl back to the skillet and continue to cook, stirring continuously, until browned. Season with salt and transfer the fowl to a serving platter. Top with the cooking liquid from the skillet and serve accompanied by oven roasted vegetables, if desired. Serves 4

Dopo aver salato e pepato la faraona sia all'esterno che all'interno, farcitela con il mascarpone e i funghi (messi a bagno prima) e lasciatela nel frigorifero per almeno tre ore.

In una pentola larga far sciogliere il burro con il rametto di rosmarino e rosolare la faraona da tutti i lati a fuoco moderato, facendo attenzione che il burro non diventi scuro. Quando la faraona è ben dorata all'esterno, tagliarla in pezzi e continuare la cottura mescolando continuamente. Aggiustate di sale e servite in tavola con verdure cotte per contorno. *Per 4 persone*

Faraona al Mascarpone

Chicken with Prunes and Apricots

A seemingly unusual combination of flavors and colors, serve this dish with rice to create a full meal.

1 large chicken, cut into 8
  pieces
salt and freshly ground pepper
½ tablespoon saffron
4 tablespoons turmeric
1 teaspoon cinnamon, divided
2 large onions, peeled and
  chopped
7 tablespoons extra-virgin
  olive oil, divided

7 ounces dried prunes, pitted
7 ounces dried apricots
1 tablespoon honey
3 ounces almonds, blanched
  and chopped

In a large, deep skillet, arrange the chicken and season it with salt and pepper. Add the saffron, turmeric, ½ of the cinnamon and the onions to the skillet. Drizzle with 4 tablespoons of olive oil and add 3 cups of hot water. Cook over low heat for 45 minutes. Add the dried fruit, the remaining cinnamon, honey and 1 more cup of water if the chicken is too dry, and continue to cook for an additional 15 to 20 minutes.

Meanwhile, in a small skillet over medium-high heat, warm the remaining olive oil. Add the almonds and cook until browned. Season with salt and set aside.

When the chicken is nearly finished cooking, add the roasted almonds to the large skillet. Season with salt and serve accompanied by rice. Serves 4

Una combinazione non comune di sapori e colori. Ottimo come piatto unico se col riso.

1 pollo tagliato in 8 pezzi
sale e pepe
1 g di zafferano (2 bustine)
12 cucchiaini di curcuma
1 cucchiaino di cannella
2 grosse cipolle
olio extravergine d'oliva
200 g di prugne secche
  snocciolate
200 g di albicocche secche

1 cucchiaio di miele
80 g di mandorle

Mettete il Pollo in una casseruola ampia e alta con sale, pepe, lo zafferano sbriciolato, la curcuma, metà della cannella e le cipolle tritate grossolanamente. Versate 4 cucchiai di olio e 3 mestoli di acqua calda e fate cuocere a fiamma bassa per 45 minuti. Unite quindi la frutta secca, il resto della cannella in polvere, il miele, un altro mestolo d'acqua, se necessario, e lasciate cuocere per altri 15-20 minuti.

A fine cottura, unite le mandorle prima rosolate in 3 cucchiai di olio, regolate di sale e servite il pollo con riso. Per 4 persone

Pollo alle Prugne e Albicocche

Pork Chops with Honey and Hot Red Pepper

Grilling pork chops is the best way to retain the flavor of the meat.

For the marinade:
juice of 2 lemons
1 tablespoon extra-virgin olive oil
2 cloves garlic, chopped
1 sprig rosemary
1 teaspoon dried oregano
1 teaspoon Tabasco Sauce
1 tablespoon dry sherry
⅛ teaspoon salt
4 pork chops, about ½ pound each

For the sauce:
3 tablespoons extra-virgin olive oil
1 onion, chopped
2 cloves garlic, chopped
1 red chili pepper, chopped
½ green bell pepper, seeds and inner white ribbing removed, chopped
8 tomatoes, peeled and coarsely chopped
2 tablespoons tomato paste
2 tablespoons Worcestershire sauce
4 tablespoons white wine vinegar
1 tablespoon Dijon mustard
2 tablespoons honey
½ teaspoon Tabasco Sauce
salt and freshly ground pepper

Prepare the marinade: In a large bowl, combine the lemon juice, olive oil, garlic, rosemary, oregano, Tabasco, sherry and salt. Add the pork chops and transfer to the refrigerator to marinate for 1 hour.

Prepare the sauce: In a large skillet over medium-high heat, warm the olive oil. Add the onions, garlic, chili pepper and bell pepper. Sauté for about 5 minutes, then add the chopped tomatoes. Bring to a boil and add the tomato paste, Worcestershire sauce, vinegar, mustard, honey and Tabasco sauce, then season with salt and pepper. Reduce the heat to low and cook for 20 to 30 minutes. Remove from the heat and set aside to cool. Once the mixture has cooled, transfer to a food processor and purée until smooth.

Preheat a grill or grill pan over medium heat. Remove the pork chops from the marinade and place them on the grill. Cook for 20 minutes, brushing the pork chops with the marinade, turning a few times while cooking. Remove the pork chops from the grill and season with salt. To serve, pour the sauce over the pork chops. Serves 4

Un modo per rendere più gustosa e saporita la classica braciola di maiale alla griglia.

Per la marinata:
4 braciole di maiale di 200 g per ciascuna
2 limoni
1 cucchiaio d'olio extravergine d'oliva
2 spicchi d'aglio, un rametto di rosmarino
1 cucchiaino di origano secco
1 cucchiaino di tabasco
3 cucchiaio di sherry secco
sale

Per la salsa:
3 cucchiai di olio d'oliva, una cipolla
2 spicchi d'aglio
un peperoncino piccante fresco
mezzo peperone verde dolce
500 g di pomodori pelati
2 cucchiai di conserva di pomodoro
1 dl di salsa Worcestershire
2 dl di aceto
1 cucchiaio di senape, 2 cucchiai di miele
mezzo cucchiaino di Tabasco
una presa di sale e una macinata di pepe

Mettete in un piatto grandele 4 braciole di maiale, irroratele con il succo dei limoni mescolato con un cucchiaio d'olio, 2 spicchi d'aglio spezzettati, gli aghi di un rametto di rosmarino, un cucchiaino di origano secco, uno di tabasco, lo sherry secco e una presa di sale e lasciatele marinare per un'ora.

Fate scaldare in casseruola l'olio d'oliva e fatevi rosolare la cipolla, l'aglio, un peperoncino piccante fresco e mezzo peperone verde tutti tritati; poi unite i pomodori pelati tritati grossolanamente e il loro liquido di conservazione, portate a ebollizione e aggiungete la conserva di pomodoro, la salsa Worcestershire, l'aceto, un cucchiaio di senape, il miele, il tabasco, il sale e il pepe. Cuocete a fuoco lento per 20-30 minuti, poi togliete la salsa dal fuoco, lasciatela intiepidire e passatela al frullatore.

Sgocciolate le braciole dalla marinata, cuocete su una griglia ben calda per circa 20 minuti a fuoco medio girandole qualche volta e spennellando, prima di girarle, il lato superiore con la marinata. Salate e servite con la salsa preparata. Per 4 persone

Braciole di Maiale con Miele e Peperoncino

Vegetarian Meatballs
Polpette Vegetariane

A simple and appetizing dish that uses the freshest ingredients: eggplant just picked from the garden and eggs straight from the hen.

Un piatto semplice ed appetitoso a base di melanzane del nostro orto e delle ottime uova delle nostre galline.

salt	3 tablespoons parsley, minced
2 small eggplants	freshly ground pepper
6 eggs, divided	breadcrumbs
3 ounces Parmigiano-Reggiano, grated	4 tablespoons extra-virgin olive oil
5 ounces Fontina	
1 clove garlic, finely chopped	

sale	1 manciatina di prezzemolo tritato
800 g di melanzane	sale e pepe q.b.
6 uova	4 cucchiai di olio extravergine d'oliva
80 g di parmigiano-reggiano grattugiato	pangrattato q.b.
150 g fontina	
uno spicchio d'aglio	

Bring a pot of water to a boil. Add salt and the eggplants and boil for 10 minutes. Drain the eggplants and dry them thoroughly. Peel the eggplants and slice them. Transfer the eggplants to a bowl and using a wooden spoon, mash them until well combined.

In a separate small bowl, whisk together 4 of the eggs and combine them with the eggplant, Parmigiano, Fontina, garlic and parsley, then season with salt and pepper. Mix well. Add breadcrumbs, a little at a time, and continue to mix until thick and lumpy. Using your hands, form the mixture into tablespoon-sized balls.

In a large skillet over medium heat, warm the olive oil. Whisk together the remaining eggs. Bathe each "meatball" in the eggs and dredge in breadcrumbs. Carefully lower each "meatball" into the skillet and fry until golden brown, turning as necessary. Serve hot with a simple tomato sauce. Serves 4

Fate lessare in acqua salata per circa 10 minuti le melanzane intere, quindi strizzatele e mettetele a scolare per eliminare l'acqua residua. Pelatele, adagiatele su un piatto di portata e schiacciatele con l'aiuto di un cucchiaio di legno.

Sbattete le uova in una terrina ed aggiungete la purea di melanzana, il formaggio, l'aglio e il prezzemolo tritati, sale e pepe q.b. Unite pan grattato quanto basta per ottenere un composto piuttosto denso.

Formate delle polpettine della grandezza di una noce con al centro il dadino di fontina, passatele nell'uovo e quindi nel pan grattato. Friggete in abbondante olio ben caldo ma non fumante, a fuoco moderato per non bruciarle. Servite le melanzane calde insieme a una semplice salsa di pomodoro. Per 4 persone

Orange-Marinated Lamb
Agnello Marinato all' Arancia

A pleasant combination of typical Tuscan products.

Una combinazione piacevole di prodotti genuini, come la carne dei nostri agnelli.

6 tablespoons extra-virgin olive oil
1 clove garlic, minced
zest of 1 orange, grated
juice of 1 orange
1 sprig marjoram, minced
1 sprig thyme, minced
1 sprig rosemary, minced
1 sage leaf, minced
1 bay leaf, minced

½ cup balsamic vinegar, divided
salt and freshly ground pepper
2 pounds boneless lamb, trimmed and cut into small pieces
2 ounces pancetta, finely chopped
1 cup dry white wine
orange blossoms for garnish (optional)

6 cucchiai di olio extravergine d'oliva
1 spicchio di aglio
la buccia di una arancia tritata grossolanamente
il succo di una arancia
maggiorana
timo
rosmarino
salvia
alloro

mezzo bicchiere di aceto balsamico di Modena
sale e pepe
1 kg di Agnello pulito e tagliato in piccoli pezzi
50 g di pancetta
un bicchiere di vino bianco secco
fiori d'arancio

In a large bowl, combine the olive oil, garlic, orange zest, orange juice, marjoram, rosemary, thyme, sage, bay leaf and 2 tablespoons of balsamic vinegar, then season with salt and pepper. Add the lamb to the marinade and mix well to coat. Transfer to the refrigerator to marinate for at least 2 hours.

In a skillet, preferably cast iron, combine the pancetta and lamb. Cook over low heat for about 1 hour, stirring frequently and deglazing with the white wine as necessary. Add the remaining balsamic vinegar and stir rapidly. Garnish the serving platter with orange blossoms, if desired. Serves 4

Preparare una ricca marinata con l'olio, l'aglio schiacciato, la buccia ed il succo di arancia, un trito di rosmarino, alloro, timo e maggiorana, salvia, 2 cucchiai di aceto balsamico, sale e pepe macinato ed in grani. Ungervi bene i pezzi del capretto e lasciare riposare per almeno 2 ore.

Disporre in un tegame pesante, possibilmente in ghisa, ed unirvi la pancetta tagliata finemente. Far cuocere lentamente per un'ora irrorando con il vino e rimestando spesso. A fine cottura (la carne dovrà staccarsi dall'osso facilmente) aggiungere il restante aceto balsamico, girare velocemente e servire ben caldo. Disporre il piatto con fiori di arancio. Per 4 persone

Duck with Lentils and Pears

The combination of lentils and pears with duck is simply delicious.

1 duck, about 5 to 6 pounds	1 clove garlic, chopped
3 teaspoons powdered ginger, divided	3 Bartlett pears, peeled
	½ cup sugar
3 teaspoons ground cumin, divided	1 teaspoon cinnamon
	1 tablespoon mint, chopped
1 pound lentils	1 teaspoon coriander, chopped
3 tablespoons extra-virgin olive oil	
	2 ounces spinach, chopped
1 onion, chopped	

Preheat the oven to 325°. Wash and dry the duck. Rub it with 1 teaspoon ginger and 1 teaspoon cumin. Arrange the duck in a pan and transfer to the oven to cook for 2 hours. Turn the duck over about halfway through cooking.

Meanwhile, bring a medium-sized pot of water to a boil. Add the lentils and cook until tender. Remove from the heat, then drain and set aside.

Remove the duck from the oven and set aside to cool. Reserve the juices and set aside. Remove the duck's skin and fillet the meat from the bones. Set aside.

In a large skillet over medium-high heat, warm the olive oil. Add the onions and garlic and sauté for 5 minutes. Add the lentils, the remaining ginger and cumin and the juices from the roasted duck and cook for 15 minutes.

Preheat a broiler. Peel the pears, leaving the stem intact. In a medium-sized skillet over medium heat, combine ¼ cup water, the sugar and cinnamon and bring to a low boil. Add the pears and simmer for 10 minutes. Remove the pears from the sauce and cut each pear in ½ lengthwise and remove the cores. Arrange on a baking sheet, cut side up, and transfer to the oven. Broil until the tops turn golden-brown.

Reduce the heat to 350°. Arrange the duck and lentils in a pan. Add the mint, coriander and spinach. Transfer to the oven to warm for about 10 minutes.

Divide the duck and the contents of the pan evenly among 6 individual plates. Place ½ a pear onto each plate and serve. Serves 6

Semplicemente deliziosa è questa combinazione di lenticchie, pere e anatra.

un'anatra	3 pere Williams
3 cucchiaini di zenzero in polvere	100 g di zucchero
	un cucchiaino di cannella
3 cucchiaini di semi di cumino macinati	un cucchiaio di foglie di menta
500 g di lenticchie	un cucchiaino di coriandolo tritato
olio extravergine d'oliva	
una cipolla	40 g di spinaci novelli tritati.
uno spicchio d'aglio	

Lavate l'anatra già pulita, asciugatela, sfregatela con un cucchiaino di zenzero in polvere e uno di semi di cumino macinati, mettetela in una teglia e cuocetela in forno già caldo a 160° per circa 2 ore e mezza girandola una volta a metà cottura.

Fatela intiepidire, eliminate la pelle, disossatela e tagliate la polpa a filetti.

In una padella con olio fate rosolare per 5 minuti una cipolla ed uno spicchio d'aglio tritati, unite le lenticchie lessate, due cucchiaini di zenzero e due di semi di cumino, il brodo di carne e cuocete per 15 minuti.

Nel frattempo sbucciate le pere, lasciando il picciolo e cuocetele per circa 10 minuti in uno sciroppo preparato con 2 dl di acqua, 100 gr di zucchero e un cucchiaino di cannella; scolatele, tagliatele a metà nel senso della lunghezza, eliminate il torsolo e fatele dorare sotto il grill ben caldo.

Scaldate l'anatra e le lenticchie in forno a 180°, unite a queste ultime un cucchiaio di foglie di menta, un cucchiaino di coriandolo tritato e 40 gr di spinaci novelli tritati.

Suddividete l'anatra e le lenticchie sui piatti singoli e mettete su ciascuno mezza pera. Per 6 persone

Anatra con Lenticchie e Pere

Chicken Cacciatore

A traditional Italian recipe revamped in Tuscan-Umbrian style.

3 tablespoons extra-virgin olive oil	2 cups dry white wine
1 onion, cut into thin rounds	½ cup cognac
1 sprig thyme,	7 ounces Kalamata olives, pitted
2 pounds chicken breasts, cut into small pieces	salt and freshly ground pepper
3 ounces pancetta, cubed	chicken stock

In a large, deep skillet over medium-high heat, warm the olive oil. Add the onions and thyme and cook until the onions are translucent. Remove the onions and set aside. Remove and discard the thyme. Add the chicken and cook until golden brown. Remove the chicken from the skillet and set aside.

In the same skillet over medium-high heat, cook the pancetta until browned. Add the chicken pieces and cook for 10 minutes. Add the white wine and cognac and continue to cook until the liquid reduces by ½. Add the cooked onions and the olives to the skillet. Season with salt and pepper and continue to cook over low heat for 30 minutes, covering the skillet during the last few minutes of cooking. If needed add chicken stock to keep the chicken from drying out. Serves 4

Una ricetta tradizionale della cucina italiana alla tosco-umbro.

olio extravergine d'oliva	200 g di olive nere snocciolate
1 cipolla	
timo	
1 pollo di circa 1 kg	
70 g di pancetta	
2 bicchieri di vino bianco secco	
½ bicchiere di cognac	

Affettate la cipolla e fatela imbiondire nell'olio con il timo in una casseruola di dimensioni tali da contenere successivamente il pollo; quando è ben rosolata, toglietela e mettetela da parte. Pulite e svuotate il pollo, quindi tagliatelo in pezzi abbastanza piccoli.

Rosolate nella casseruola la pancetta tagliata a dadini e quindi aggiungete il pollo; cuocetelo per una decina di minuti prima di aggiungere il vino ed il cognac; lasciate evaporare poi unite la cipolla rosolata e le olive. Aggiustate di sale e pepe appena macinato e continuate la cottura a fiamma dolce per circa mezz'ora, poi coprite il recipiente e terminate la cottura; se necessario bagnate il pollo con brodo caldo. Per 4 persone

Pollo alla Cacciatora

Desserts

Dolci

Pear Crisps

A moderately complex, delicious dessert.

Un dessert delizioso, di difficoltà media.

For the crisps:
½ cup sugar
juice of 1 lemon
1 cup almonds, sliced
1 tablespoon butter, plus extra
   for brushing
For the chocolate cream:
5 ounces baking chocolate,
   coarsely chopped
½ cup heavy cream

For the pears:
1 large pear
1 tablespoon butter
1 teaspoon cinnamon, plus
   extra for sprinkling

Per il croccante:
100 g di zucchero
succo di limone
100 g di mandorle
1 noce di burro
Per la crema di cioccolata:
150 g di cioccolato amaro
100 g di panna liquida fresca
Per le pere:
1 grossa pera

1 noce di burro
cannella in polvere

Prepare the crisps: In a skillet, combine the sugar, 2 tablespoons of water and the lemon juice. Cook over medium-low heat until the sugar disolves and begins to change color. Add the almonds and butter and mix well. Reduce the heat to low and cook until the sugar turns a dark, clear brown. While the sugar-almond mixture is still hot, lightly brush 4 muffin tins or custard cups with butter, then spread the mixture evenly onto the bottom and sides of each. Transfer to the refrigerator to chill until completely hardened.

Prepare the chocolate cream: In a deep skillet, combine the chocolate and cream. Melt over low heat and stir continuously until the chocolate has completely melted. Pour the chocolate cream into a bowl and transfer to the refrigerator to chill. Once the chocolate is chilled, transfer it to an electric mixer and whisk until stiff peaks form.

Prepare the pears: Cut the pear into small pieces and remove the core. In a skillet over medium heat, warm the butter. Add the pear slices and sauté until tender. Add the cinnamon and toss well to coat.

Carefully remove the almond-sugar crisps from the muffin tins. Spoon some of the chocolate cream into each of the almond-sugar crisps and top with pear slices. Sprinkle with cinnamon and serve. Serves 4

Mettete a fuoco dolce una casseruola con lo zucchero, 2 cucchiai di acqua e qualche goccia di succo di limone. Quando lo zucchero sarà sciolto e inizierà a colorirsi, unite le mandorle sfilettate, una noce di burro e mescolate. Abbassate al minimo e fate cuocere finchè il composto risulterà bruno chiaro. Versatelo caldo, a cucchiaiate, su fondo e pareti di stampini da crostata unti di burro. Fate raffreddare, quindi sformate in modo da ottenere dei gusci di croccante.

Preparate la crema di cioccolata: tagliate il cioccolato a pezzetti, metteteli in una casseruola, unite la panna, ponete il recipiente a fuoco basso e mescolate finchè il cioccolato si sarà fuso. Versate la crema in una terrina e fatela raffreddare. Solo allora sbattetela con la frusta elettrica fino a montarla.

Sbucciate la pera, tagliatela a spicchi e fateli cuocere per qualche minuto in una padella con una noce di burro e una spolverata di cannella.

Versate dentro ogni guscio di croccante un cucchiaio di crema di cioccolata e adagiatevi sopra qualche spicchio di pera. Servite spolverizzando con altra cannella.
Per 4 persone

Croccantini alle Pere

Mascarpone Cappuccino

A simple and delicious dessert.

6 ounces bittersweet chocolate, plus extra for garnish
8 ounces mascarpone
4 tablespoons Grand Marnier
   or Liquore Strega, divided
⅓ cup sugar, divided

1 cup ricotta
½ cup brewed strong coffee

Finely grate the chocolate. In a bowl combine the chocolate with the mascarpone, ½ of the liqueur and ½ of the sugar. Mix well.

In a separate bowl, combine the ricotta, coffee and the remaining liqueur and sugar. Mix well. In 4 individual, large wine glasses or dessert bowls, spoon 1 layer of the ricotta mixture then 1 layer of the mascarpone mixture and repeat. Transfer to the refrigerator to chill for at least 2 hours. To serve remove from the refrigerator and garnish with grated chocolate. Serves 4

Un dessert al cucchiaio facile e delizioso.

150 g di cioccolato fondente
250 g di mascarpone
75 g di zucchero
250 g di ricotta
4 cucchiai di Grand Marnier
   o Liquore Strega

1 caffè lungo

Grattugiate finemente il cioccolato fondente, incorporate il mascarpone, metà del liquore e dello zucchero.

In un altro recipiente mescolate la ricotta con il caffè e il resto del liquore e dello zucchero. In 4 coppette fate un primo strato con il composto a base di ricotta ed un secondo con quello al mascarpone e lasciatele in frigo per almeno 2 ore. Servite decorando con il rimanente cioccolato grattugiato Per 4 persone

Cappuccino di Mascarpone

Chocolate Explosion Cake

A classic recipe that is perfect for impressing your guests.

Una ricetta classica, perfetta per stupire i vostri ospiti.

For the chocolate centers:
4 ounces bittersweet chocolate
1 cup heavy cream
¼ cup butter
4 tablespoons milk
1 tablespoon brewed espresso

For the cake:
4 ounces bittersweet chocolate, grated
¾ cup butter, softened, plus extra for brushing
¾ cup sugar
5 egg yolks
1¾ cups almonds, blanched and finely chopped
5 egg whites
cocoa powder for dusting
strawberries for garnish

Per i cuori di cioccolato:
125 g di cioccolato fondente
200 g di panna liquida
50 g di burro
6 cl di latte
15 g di caffè ristretto

Per il tortino:
125 g di cioccolato fondente
200 g di burro

200 g di zucchero
250 g di mandorle
5 uova
cacao in polvere
fragole

Prepare the chocolate centers: In a medium skillet, combine the chocolate, cream, butter, milk and espresso. Melt over medium heat. Mix well and pour into 9 individual ice cube molds. Transfer to the freezer to harden overnight.

Prepare the cake: In a large bowl, combine the chocolate, butter, sugar and egg yolks. Gently mix until smooth. Add the almonds and mix to combine. Set aside.

In a separate bowl, whisk together the egg whites until stiff peaks form. Using a wooden spoon, gently fold the egg whites into the chocolate mixture. Lightly brush 9 aluminum cupcake molds with butter and dust with cocoa powder. Distribute the batter evenly among the molds. (Each one should have about ⅓ cup of batter, but should not be filled to the top.) Remove the chocolate molds from the freezer. Unmold the frozen chocolate and sink 1 small cube into the center of each chocolate cupcake and transfer to the freezer to chill overnight.

Preheat the oven to 350°. About 20 minutes before serving, remove the chocolate cakes from the freezer and transfer them to the oven to bake for 20 minutes. Remove the cakes from the oven and set aside to cool for about 5 minutes. Once cooled, carefully unmold and arrange them on a serving platter. Garnish with strawberries, if desired. Serves 9

Tritare finemente il cioccolato e farlo fondere a bagno maria con la panna liquida, il burro, il latte e il caffè. Mescolare bene e versare il preparato in forme di 45 mm di diametro e 35 mm di alrezza. Lasciarlo nel congelatore una giornata.

Tritare finemente le mandorle, dopo averle pelate e metterle da parte. Inserire nella terrina il cioccolato grattugiato. Aggiungere il burro morbido, lo zucchero, i tuorli delle uova e mescolare il tutto delicatamente. Incorporate la farina di mandorle.

In un recipiente capace montare a neve gli albumi e unirvi l'impasto, amalgamandolo molto delicatamente con un mestolo di legno. Versare suddividendo il composto in 8/9 stampini della capacità di 1,2 dl, precedentemente imburrati e spolverati con cacao in polvere. Affogare il cuore di cioccolato preparato prima a parte e velocemente riporre il tutto nel freezer.

20 minuti prima di servirli passarli dal freezer al forno già caldo a 180° per 19 minuti. Tirare fuori gli stampini dal forno, farli raffreddare per 2 minuti e servire in piatto grande con possibilmente una guarnizione di fragole.
Per 9 persone

Tortino con Esplosione di Cioccolato

Espresso Panna Cotta

A simple variation of the classic panna cotta.

2 cups milk
2 cups heavy cream
1 teaspoon vanilla
2 teaspoons unflavored gelatin

2 cups confectioners' sugar
6 tablespoons brewed
    espresso, plus extra

In a saucepan, combine the milk, cream and vanilla and bring to a boil. Remove from the heat. Add the gelatin, confectioners' sugar and espresso and mix well. Transfer the mixture to 6 individual aluminum cupcake molds. Transfer to the refrigerator to chill for at least 12 hours. To serve, carefully unmold and drizzle with brewed espresso, if desired. Serves 6

Una semplice variante della classica panna cotta.

½ litro di latte
½ litro di panna liquida fresca
1 busta di vaniglina
2 fogli e ½ di colla di pesce

250 g di zucchero a velo
caffè forte

Far bollire il latte, la panna e la vaniglina. Togliere dal fuoco, aggiungere la colla di pesce preventivamente fatta ammorbidire in acqua fredda e lo zucchero a velo, infine 1-2 tazzine di caffè forte. Versare in stampini della capacità di 1,2 dl. Tenere in frigo 12 ore prima di servire. Affogare con espresso a piacere. Per 6 persone

Panna Cotta al Caffè

Date Delight

A simple, delicious dessert that is sure to please both the eyes and the taste buds.

18 dates
½ cup mascarpone
3 tablespoons confectioners'
    sugar
¼ cup rum
18 walnut halves

Cut the dates in ½ and remove the pits. In a small bowl, combine the mascarpone, confectioners' sugar and rum. Mix well. Fill each date ½ with the mascarpone mixture and transfer to a serving platter. Garnish with walnuts and serve. Serves 6

Un dolce delizioso e semplice, sicuramente piacevole sia per il palato che per la vista.

18 datteri
100 g di mascarpone
3 cucchiai di zucchero a velo
½ bicchierino di rhum
18 gherigli di noci

Aprire i datteri in due e snocciolarli. Fare un impasto con il mascarpone, lo zucchero a velo e il liquore. Porre l'impasto all'interno dei datteri. Guarnire con gherigli di noci. Per 6 persone

Pastry Cream with Chocolate Mousse

A pleasant combination of chocolate mousse and pastry cream.

Una combinazione piacevole tra la mousse al cioccolato e la crema pasticciera.

For the chocolate mousse:
7 ounces bittersweet chocolate, chopped
2 tablespoons butter, softened
2 egg yolks
1 tablespoon confectioners' sugar
2 egg whites
For the pastry cream:
zest of 1 lemon, grated
¾ cup confectioners' sugar
2 cups milk
4 egg yolks
¼ cup cornstarch
cocoa powder for garnish
candied orange peels for garnish

Per la mousse al cioccolato:
200 g di cioccolato fondente
25 g di burro morbido
2 tuorli
1 cucchiaio di zucchero a velo
2 albumi
Per la crema pasticciera:
1 scorza di limone
100 g di zucchero a velo
½ litro di latte
4 tuorli
50 g di maizena

Prepare the chocolate mousse: In a double boiler over low heat, melt the chocolate, stirring constantly, until it fully melts and a thick cream forms. Remove from the heat and add the butter. Return to the stove top and melt over low heat while adding the egg yolks, 1 at a time, and whisking constantly. Add the sugar and mix well.

Using an electric mixer, whisk the egg whites until stiff peaks form. Slowly fold the egg whites into the chocolate cream. Transfer the mousse to the refrigerator to chill for 2 to 3 hours.

Prepare the pastry cream: In a skillet, combine the lemon zest, sugar and milk. Cook over low heat until well combined. In a bowl, combine the egg yolks and cornstarch. Add the egg mixture to the skillet and stir continuously until creamy. Remove from the heat and set aside to cool.

To serve, distribute the pastry cream evenly among 4 individual plates and sprinkle with cocoa powder. Place a scoop of chocolate mousse on top of each and garnish with candied orange peels. Serves 4

Per preparare la mousse al cioccolato: Spezzettate il cioccolato fondente in una casseruola, unite 2 cucchiai di acqua e fatelo sciogliere a bagnomaria, sempre mescolando finchè otterrete una crema densa ed omogenea. Togliete la casseruola dal fuoco, unite il burro morbido, fatelo sciogliere mescolando e incorporatevi i tuorli ed un cucchiaio di zucchero a velo.

In una terrina larga montate a neve ben densa 2 albumi e incorporateli alla crema di cioccolato, mescolando delicatamente con una spatola di legno dal basso verso l'alto per non smontarli. Mettete la mousse nel frigo a rassodare per 2-3 ore.

Per preparare la crema pasticciera: In una casseruola grattate la scorza di limone ed aggiungete lo zucchero ed il latte mescolando. Mettete sul fuoco lento aggiungendo i tuorli e la maizena e continuando sempre a mescolare fino a quando diventa una crema consistente. Travasate e lasciate raffreddare.

Distribuite della crema pasticciera in una coppa, spolverizzate con cacao, mettete una cucchiaiata di mousse al cioccolato, decorate a piacere con qualche scorzetta di arancia candita e servite. Per 4 persone

Crema Pasticciera con Mousse al Cioccolato

Mixed Fruit with Whipped Cream and Mascarpone

An easy dessert with a mixed berry base.

¼ cup sugar
4 ounces almonds, finely chopped
1 egg white
½ cup heavy cream

1 cup mixed berries, plus extra for garnish
⅓ cup currants
9 ounces mascarpone
2 tablespoons Grand Marnier

In a skillet over low heat, combine the sugar and almonds. Stir constantly until the sugar dissolves. Remove from the heat and transfer the almonds to a sheet of parchment paper to cool.

In an electric mixer, whisk the egg white until stiff peaks form and set aside. In a separate bowl, whisk the cream until thick.

In a bowl, combine the mascarpone, sugar, whipped cream, almonds, berries and Grand Marnier. Mix well to combine. Using a wooden spoon, gently fold the whipped egg whites into the mixture. Distribute the mixture evenly among 4 dessert bowls and transfer to the refrigerator to chill for 30 minutes. To serve, remove the cups from the refrigerator and garnish with berries. Serves 4

Un dolce facile a base di frutti di bosco.

50 g di zucchero
50 g di mandorle
1 albume di uovo
2 dl di panna liquida fresca
100 g di mirtilli

100 g di ribes
250 g di mascarpone
2 cucchiai di Grand Marnier

In una padella, mettete lo zucchero e le mandorle, fate cuocere a fiamma molto bassa finché lo zucchero si sia completamente sciolto. Versare il tutto su carta da forno e lasciar raffreddare.

Montate a neve ferma l'albume e, separatamente, la panna. Tritate le mandorle caramellate; pulite e lavate delicatamente la frutta tenendone da parte un cucchiaio per tipo per la decorazione.

In una terrina mettete il mascarpone mescolato con lo zucchero ed aggiungete la panna montata, le mandorle, la frutta ed il liquore. Incorporate delicatamente l'albume con una spatola di legno, mescolando dal basso verso l'alto. Versate il composto in coppette e mettetele in frigo per circa un'ora. Decorate con la frutta rimasta e servite. Per 4 persone

Coppa di Bosco

Chocolate Cream Torte

A dessert that is sure to please any chocolate lover.

2 cups flour
½ cup confectioners' sugar,
    plus extra
1 tablespoon cocoa powder
1 teaspoon salt
¾ cup butter, softened, plus
    extra for brushing
2 egg yolks
2 cups dried beans for
    weighting

1 ounce bittersweet chocolate
5 ounces chocolate gianduia,
    or substitute Nutella
¼ cup heavy cream
strawberries for garnish
whipped cream, or Greek
    yogurt

On a clean, flat work surface, mound the flour. Make a well in the center and add the confectioners' sugar, cocoa powder, salt, butter and egg yolks. Using a fork or your fingers, work the dry ingredients into the wet ingredients until a dough forms. Knead until soft, smooth and elastic. Wrap the dough in plastic and transfer to the refrigerator to chill for 2 hours.

Preheat the oven to 350°. Remove the dough from the refrigerator and transfer to a lightly floured work surface. Roll the dough out to a ¼-inch thick round. Lightly brush an 8-inch pie pan with butter. Transfer the dough to the pie pan. Trim off any excess dough and poke the bottom with a fork. Cover the dough with a sheet of parchment paper and fill the center with the dried beans. Transfer to the oven to bake for 20 minutes. Remove the pie crust from the oven and remove the dried beans and parchment paper. Transfer the pie crust back to the oven to bake for an additional 10 minutes.

Meanwhile, in a double boiler over low heat, melt the bittersweet chocolate. Remove the pie crust from the oven and brush it with the melted chocolate so that it covers the entire inside of the crust.

In a saucepan, combine the chocolate gianduia and heavy cream. Melt over medium heat, then set aside to cool. Carefully pour the mixture into the pie crust and transfer to the refrigerator to chill for at least 1 hour.

To serve, dust the pie with confectioners' sugar and garnish with strawberries. Serve accompanied by whipped cream or Greek yogurt, if desired. Serves 6 to 8

Un dessert di sicuro successo per tutti i fans della cioccolata.

250 g di farina
100 g di zucchero a velo
1 cucchiaio colmo di cacao
    amaro in polvere
un cucchiaino di sale
200 g di burro morbido
2 tuorli
20 g di cioccolato fondente
150 g di cioccolato gianduia
1 dl di panna liquida

fragoloni
panna montata o yogurt greco

Disponete la farina su un piano di lavoro. Aggiungete lo zucchero a velo, il cacao, il sale, il burro morbido a dadini e i tuorli. Lavorate il tutto sino a formare una palla di pasta omogenea. Avvolgetela in pellicola per alimenti e lasciatela riposare in frigo per 2 ore.

Trasferite di nuovo la pasta sul piano di lavoro leggermente infarinato e stendetela in una sfoglia dello spessore di circa mezzo centimetro, con cui fodererete uno stampo da crostata del diametro di ca. 20 cm, che avrete inburrato e infarinato in precedenza. Eliminate la pasta eccedente, bucherellate il fondo con la forchetta, mettetevi sopra un foglio di carta da forno, distribuitevi sopra dei fagioli secchi e cuocete in forno già caldo a 170° per 20 minuti. Togliete quindi dal forno, eliminate fagioli e carta e cuocete ancora per 10 minuti.

Sformate la base della crostata e spennellate la parte interna con 20 gr di cioccolato fondente fatto sciogliere a bagnomaria.

Mettete in una casseruolina il cioccolato gianduia, unitevi la panna liquida, fate sciogliere a fuoco medio e lasciate raffreddare.

Versate la crema nella base preparata e mettete la crostata in frigo per almeno un'ora prima di servirla, spolverizzata con zucchero a velo oppure poco cacao amaro e accompagnata con un fiocco di yogurt greco o di panna montata. Si può guarnire anche con uno/due fragoloni rossi. Per 6/8 persone

Crostata al Gianduia

Caprese Torte

A classic Neapolitan dessert that is best when served with whipped cream and a dusting of confectioners' sugar.

4 ounces bittersweet chocolate, grated
¾ cup butter, softened, plus extra for brushing
¾ cup sugar
5 egg yolks
1¾ cups almonds, finely chopped
5 egg whites
flour for dusting

Preheat the oven to 300°. In an electric mixer, combine the chocolate, butter, sugar and egg yolks and whisk until smooth. Add the almonds and whisk until combined.

In a separate bowl, whisk the egg whites until stiff peaks form. Using a wooden spoon, gently fold the whipped egg whites into the chocolate mixture.

Lightly brush an 8-inch cake pan with butter and dust it with flour. Gently pour the mixture into the cake pan and transfer to the oven to bake for 1½ hours. Serves 6

Un classico della cucina napoletana, da servire con lo zucchero a velo e la panna montata.

125 g di cioccolato fondente
200 g di burro
200 g di zucchero
5 tuorli
250 g di mandorle

Tritare finemente le mandorle, dopo averle pelate e metterle da parte. Inserire nella terrina il cioccolato grattugiato. Aggiungere il burro morbido, lo zucchero, i tuorli e mescolare il tutto delicatamente. Incorporare la farina di mandorle.

In un recipiente capace montare a neve gli albumi e unirvi l'impasto, amalgamandolo molto delicatamente con un mestolo di legno.

Versare in una teglia unta e infarinata. Infornare a 150° per 1 ora e mezzo. *Per 6 persone*

Torta Caprese

Apple and Zabaglione Baskets

A rustic and authentic dessert.

For the apples:
4 Renette apples
juice of 1 lemon
½ cup Marsala
2 tablespoons golden raisins
2 tablespoons almonds, toasted
2 tablespoons pine nuts, toasted
1 teaspoon cinnamon

3 tablespoons butter, melted
For the zabaglione:
6 egg yolks
½ cup sugar
6 tablespoons Marsala

Thinly slice and core the apples. Arrange the slices in a large bowl and drizzle with the lemon juice. Add the Marsala, raisins, almonds, pine nuts and cinnamon to the bowl. Mix well to combine and transfer to the refrigerator to rest for 30 minutes.

Preheat the oven to 400°. Line a baking sheet with parchment paper and lightly brush with the melted butter. Arrange the apple mixture on the baking sheet and enclose it by folding up the ends of the parchment paper. Transfer to the oven to bake for 20 minutes.

Prepare the zabaglione: Add the egg yolks to a bowl and whisk. Add the sugar and whisk for 10 minutes, or until foamy. Continue to whisk and slowly add the Marsala. Transfer the mixture to a double boiler and cook, whisking constantly, until a thick and creamy mixture forms.

Distribute the zabaglione evenly among 4 individual shallow bowls, top each with ¼ of the apple mixture and serve. Serves 4

Un dolce rustico e autentico.

Per le mele:
4 mele Annurca
mezzo bicchiere di Marsala
2 cucchiai di uvetta bionda
25 g di mandorle a lamelle tostate
25 g di pinoli tostati
un cucchiaino di cannella
Per lo zabaione:
6 tuorli d'uovo

100 g di zucchero
6 cucchiai di Marsala

Tagliate le mele a spicchi sottili. Trasferitele in una terrina, spruzzatele con succo di limone, unite il Marsala, l'uvetta, le mandorle e i pinoli tostati, aggiungete la cannella e lasciate macerare per 30 minuti.

Spennellate con burro fuso 1 quadrato di carta da forno e distribuitevi sopra il tutto: chiudete il cartoccio e cuocete in forno già caldo a 210° per 20 minuti.

Versare i tuorli d'uovo in una casseruolina. Unitevi lo zucchero e sbatteteli per una decina di minuti con la frusta sino ad ottenere un composto biancastro, spumoso e ben montato. Sempre mescolando, unitevi il marsala versandolo a filo. Mettete la casseruolina a bagnomaria e lasciate cuocere per 5-6 minuti sbattendo con la frusta senza interruzione e facendo attenzione che l'acqua non raggiunga mai l'ebollizione fino a quando lo zabaione si sarà addensato diventando gonfio, soffice e vellutato.

Trasferite il cartoccio su un piatto e apritelo. Mettete le mele su quattro piattini, versatevi sopra un cucchiaio di zabaione e servite. Per 4 persone

Cestini di Mele e Zabaione

Ingredients

Ingredienti

Love, culture, fun and passion are the ingredients of meals at Parco Fiorito. This desire for culinary enjoyment is made possible by the traditions and approach to life in Tuscany and Umbria.

In these regions there are no fast food restaurants, only pizzerias and gelaterias offering fast bites. Simple sandwiches are served with the same style and grace as four-star restaurants. Even when one stops in Cortona for a quick snack, one is shown a table and is given a sampling of local meats and cheeses to taste.

Most importantly Italian cooks are very successful because of the high quality ingredients they use in their recipes. The sensation on the palate is directly linked to good, clean and fresh ingredients bound together into a recipe that, when presented in a dish, lets each element speak for itself.

At Parco Fiorito, one discovers that the hallmark in all Italian recipes is simplicity, with hardly ever more than six ingredients included in one dish. That is the key to an authentic kitchen, simple flavors thanks to every ingredient.

As I travel with my guests through the local markets and shops gathering items that will later be found in Parco Fiorito's recipes, they learn how to taste, touch and smell perfection and discover the Italian keys to success, basic ingredients. This reminds me that in the Pacific Northwest there is a renewed awakening and appreciation of fresh and local produce, like organic fruits, vegetables, meats and cheeses. All of this underlines the importance of a return to tradition and to simple ingredients that vary by season...just like in Tuscany and Umbria.

Amore, cultura, passione e divertimento sono gli ingredienti di un buon pranzo al Parco Fiorito. Questa alchimia è resa possibile dalle tradizioni e dal modo di vivere in regioni come la Toscana e l'Umbria.

In queste zone non esistono fast food ma eventualmente pizzerie e gelaterie che offrono anche un pasto veloce; semplici panini ma serviti con la stessa eleganza e la grazia di un ristorante a cinque stelle. Anche per chi si ferma a Cortona in trattoria per un veloce spuntino, la tavola viene imbandita per una degustazione di salumi e formaggi locali.

La cosa più importante da spiegare è che i cuochi italiani curano innanzitutto la qualità degli ingredienti. Ingredienti sani, freschi, autentici che si fondono sotto le loro mani con una sapienza tale che ogni elemento parla da solo. Nella cultura culinaria di Parco Fiorito è stato scoperto che l'elemento di forza in tutte le ricette italiane è la semplicità, con massimo sei ingredienti diversi in ciascun piatto. Questa è la chiave di una cucina autentica con sapori semplici grazie alla quale si esalta ogni singolo ingrediente.

Durante il mio viaggio con i miei ospiti attraverso mercati e negozi locali ho trovato prodotti che in seguito avrei utilizzato nelle ricette di Parco Fiorito e hanno imparato a distinguere gli odori e i sapori alla perfezione e hanno capito che la chiave del successo italiano sono gli ingredienti semplici. Questo mi fa ricordare che nel nord-ovest degli Stati Uniti, in quel tratto di terra che si affaccia sull'oceano Pacifico, c'è una ricerca verso il passato, un ritorno ai prodotti biologici freschi come frutta, formaggi e verdura. Tutto ciò sottolinea l'importanza del ritorno alle tradizioni e agli ingredienti semplici, quelli stagionali che variano da regione a regione proprio come in Toscana e in Umbria.

Top left: Roberto Russo with Kathy Kingen.
Bottom right: Roberto Russo during a cooking class at Parco Fiorito.

In basso a destra: Roberto Russo con Kathy Kingen.
In basso a destras: Roberto Russo durante un corso di cucina a Parco Fiorito.

Extra-Virgin Olive Oil

Olive trees are perhaps the only vegetation that shares the same mythic fame as grape vines. In Italy the aristocratic families produced olive oil like the grand French chateaus produced wine. However, unlike wine, olive oil does not improve with age. The refining process and pressing technique are important to gaining shelf life. Bottling and storage significantly affects shelf life as well. Protect your olive oil from air, light and heat.

There are so many olive oils to choose from, how do you select one? There are excellent olive oils from Italy and from California. There are estate-bottled, vintage-dated, extra-virgin olive oil for seasoning salads, meats and soups, and pure olive oil with a mild flavor to use in searing and pan frying. All the olive oil used at Parco Fiorito comes from olive trees on the 50 acre property. They are grown organically and tended to with care.

Throughout Tuscany and Umbria families produce their own olive oil, differing in flavor from region to region. Umbrian oil is relatively neutral and is perfect for cooking purposes. The two most prized regions for olive oil are Liguria and Tuscany. The Tuscans are renown for producing some of the best wines, perfumes and olive oils. Growers are obsessed with the quest for Tuscan oil because of its green color and its crispness on the palate. Since the olive tree groves of Parco Fiorito are inside Umbria, but face Tuscany, the olives are a perfect blend of the two regions.

The fruit is hand picked and crushed, which separates the pits from the flesh. Then the olives are taken to a local mill that uses the ancient method of placing the olive paste into scurtins, which are large, flat, round baskets. Once filled, the baskets are put on the press which simply squeezes the oil out of the paste using pressure. It takes about 13 pounds of olives to produce one quart of oil. This artisanal process varies vastly from the modern method of coaxing oil out of the olives using heat, hydraulics and centrifuging.

Gli alberi di olivo sono le uniche piante che hanno la stessa storia leggendaria delle viti. In Italia le grandi casate aristocratiche producono olio come i grandi châteaux francesi producono vino. A differenza del nettare degli dei però, l'olio non migliora con il tempo. Procedimenti particolari sono utilizzati per garantire una più lunga durata cosi come parte importante è l'imbottigliamento e la conservazione. Proteggi il tuo olio d'oliva dall'aria, la luce ed il calore.

C'è un'ampia scelta di oli d'oliva in Italia, come scegliere? Ci sono degli ottimi oli d'oliva dall'Italia e dalla California. Ci sono oli d'oliva di fattoria, di annata, extra-vergine per insalate, carni e zuppe e oli leggeri da utilizzare per arrosti e fritture. Gli oli d'oliva utilizzati a Parco Fiorito vengono da un oliveto di 20 ettari dove si usano solo prodotti biologici.

Nella maggior parte della Toscana e Umbria le famiglie producono il proprio olio, diverso da regione a regione e da oliveto a oliveto. L'olio umbro è neutro e perfetto per cucinare. Le due regioni con la migliore produzione di oli sono Toscana e Liguria. La Toscana è nota per la produzione di vini, profumi e oli d'oliva.

I coltivatori sono ossessionati dagli oli d'oliva toscani per il loro colore verde intenso ed il sapore friabile che lascia sul palato. Gli uliveti di Parco Fiorito essendo in Umbria, ma sul versante che si affaccia sulla Toscana, hanno acquistato perfettamente i sapori di entrambe le regioni.

Le olive sono raccolte a mano, schiacciate separando il nocciolo dalla polpa. La polpa delle olive viene portata ad un frantoio locale che utilizza un antico metodo di spremitura. Le olive snocciolate sono poste in una contenitore cilindrico e pressate da un macigno per ottenere l'olio. Ci vogliono circa 6 chili di olive per produrre 1 litro d'olio. Questo vecchio metodo si differenzia parecchio dai nuovi metodi che utilizzano il calore, l'idroelettricità e la centrifuga per ottenere l'olio. Il risultato, questo

Extra-Virgin Olive Oil

What results from all this extra attention to detail and use of the old methods, is the special extra-virgin olive oil that I use in my cooking classes and on my own table.

Cold pressed and extra-virgin classifications are determined by the International Olive Oil Council. Extra-virgin olive oil, like Parco Fiorito's, is obtained exclusively from cold pressing and has a maximum acidity content of 1 percent, a sign of quality and purity. Fine extra-virgin olive oil's maximum acidity content is 2 percent, while standard olive oil has a maximum acid content of more than 3 percent.

Most olive oils sold in grocery and specialty stores are classified as extra-virgin. This classification establishes a guaranteed minimum of purity, but does not specify the freshness of the oil, where it comes from or if it is a blend of two separate harvests. If you cannot buy your olive oil directly from the farm, check the label for the location of the estate where the oil was bottled.

olio speciale, è quello utilizzato da me nelle mie lezioni di cucina e sulla mia tavola.

Spremitura a freddo e la classifica di extravergine sono determinati dal Consiglio Internazionale dell'olio d'oliva. Gli oli extravergini, come quelli di Parco Fiorito si ottengono esclusivamente con spremitura a freddo e con valore di acidità dell'1%, segno di qualità e purezza. Gli oli extravergini di qualità hanno al massimo l'1% di acidità, mentre gli oli d'oliva vergini hanno un'acidità fino al 2%.

Molti degli oli che si trovano nei negozi sono classificati come extravergini. Questa classificazione garantisce un minimo di purezza ma non specifica la freschezza dell'olio, la provenienza o il raccolto. Se non puoi comprare l'olio direttamente dall'azienda, controlla sull'etichetta il nome del produttore e del distributore.

Cured Meats

At Parco Fiorito we produce:

Prosciutto Crudo: Pig leg meat that is kept under salt for three weeks, and covered in pepper and hot red pepper flakes in the part adjacent to the bone. Parco Fiorito prosciutto is especially tasty because the pigs are only fed maize, orzo and soy, and roam freely.

Soppressata: Made of different parts of the pig and flavored with spices, coriander, cloves, black pepper, nutmeg and cinnamon, which impart a delicate and spicy taste.

Fresh Sausage: A confection of pig meat made into long links of sausage. This is part of a traditional Tuscan barbeque.

Buristo: A compost of pig blood and fat that is cooked and seasoned with special spices.

Capocollo: The lean part of the pig, aged and seasoned with spices. It is a seasonal product, which is often served as an antipasto before a traditional Tuscan dinner.

A Parco Fiorito produciamo:

Prosciutto Crudo: coscioni di carne suina semplicemente tenuti sotto sale per tre settimane e ricoperti di pepe e peperoncini nelle parti adiacenti l'osso. Il nostro è un prosciutto molto saporito e gustoso perché i maiali si nutrono esclusivamente di mais, orzo e soja (8%) e vivono in libertà.

Soppressata: impasto di particolari parti della carne suina (cotenne della testa, lingua, ecc.), aromatizzato con spezie, coriandolo, chiodi di garofano, pepe nero, noce moscata, cannella, che gli conferiscono un gusto particolare e piccante.

Salsiccia Fresca: Impasto di carne suina confezionata in lunghe filze di salsicce. È uno dei componenti dell'arrosto toscano.

Buristo: Composto di sangue di suino e grasso cotti ed aromatizzati con le speciali spezie.

Capocollo: È confezionato con la parte magra del suino, stagionata ed aromatizzata. Costituisce l'antipasto tradizionale delle nostre cene.

Salumi

Legumes, Cereals and Grains

Farro is a precious and ancient grain that belongs to the grass family, and was once the ration of the Roman Legions. It is rich in vitamins, minerals, protein and antioxidants and can be used in any dish as a substitute for pasta or rice. But it is so tasty that it can be eaten simply boiled with only a pinch of salt and a drop of good extra-virgin olive oil.

Farro is sold as grain or flour. The grain is usually an indicator of its quality: gran farro has longer grains (¼ to ⅓-inch), but in stores you will often find broken up farro. This kind is not as good, but it's sometimes preferred because you don't have to soak it, which reduces the cooking time. Farro is still a part of Umbrian cuisine and, in part, used traditionally in Tuscan cooking. Today it is cultivated in the Monteleone area of Umbria, and is used to prepare numerous regional specialties, from the most delicious soups to cakes.

Regarding legumes, it must be noted that the best lentils are produced in Italy and come from Umbria. *Lenticchie di Castelluccio* are cultivated 4,200 feet above sea level in the vast valley of Piani di Castelluccio in the heart of the Sibillini Mountains National Park, about 18 miles from Norcia. These are tiny lentils that don't need to be soaked before cooking and are used to prepare exquisite dishes like farro and lentil soup or sausages with lentils. Castelluccio lentils that are organically cultivated are highly regarded since they can be cooked easily without losing their skin. Additionally, their fame and high quality make them comparable to the *Lentille Verte du Puy* of the Haute-Loire in France.

Among the legumes in our region, there are many different varieties of beans: *nano di campo, tondino di Gradoli, gnocchetto, cannellino rosso* and *risina*, which are very little beans from Lake Trasimeno that require only one hour of soaking. We must also remember the *fave gigantic di Leonforte* and the *cicerchie*, little favas that are extremely rare today and are used abundantly in Umbrian gastronomy for local and traditional vegetable soups and minestrones.

Il farro è un prezioso e antico cereale appartenente alla famiglia delle graminacee, una volta il piatto forte del legionario romano. Alimento ricco di vitamine, sali minerali, proteine, antiossidanti, può essere utilizzato per qualsiasi piatto al posto della pasta o del riso, ma è talmente gustoso che può essere consumato anche semplicemente bollito, con un pizzico di sale ed una goccia di buon olio.

Il farro è commercializzato in chicchi o in farina. I chicchi sono spesso l'indice della qualità del prodotto: il gran farro è quello con grani più lunghi (6-8 mm.), mentre spesso in commercio si trova, in sostituzione, lo spezzato di farro, meno pregiato ma a volte preferito perché permette di annullare i tempi di ammollo e ridurre quelli di cottura. Il farro è sopravvissuto nella cucina Umbra e, in parte, anche nella tradizione toscana. Oggi questo cereale è coltivato in Umbria, nella zona di Monteleone, e viene utilizzato per la preparazione di numerose specialità regionali, dalle minestre più deliziose alle torte.

Per quanto riguarda i legumi, va ricordato che si producono in Umbria le migliori lenticchie d'Italia: le "lenticchie di Castelluccio", coltivate a 1300 metri di altitudine nel vallone dei Piani di Castelluccio, nel cuore del Parco Nazionale dei Monti Sibillini, a circa 30 km da Norcia. Si tratta di minuscole lenticchie, che non richiedono ammollo prima della cottura, e sono utilizzate per la preparazione di piatti squisiti, quali la "zuppa di farro e lenticchie" e le "salsicce con lenticchie." Le lenticchie di Castelluccio, coltivate senza il ricorso a prodotti chimici, hanno tra l'altro il grande pregio di tenere molto bene la cottura, senza perdere la buccia e per fama e qualità sono paragonabili a "La lentille Verte du Puy" prodotta nella Haute-Loire.

Tra i legumi della nostra area vanno, inoltre, anno-verate diverse varietà di fagioli: il nano di campo, il tondino di Gradoli, lo gnocchetto, il cannellino rosso, la risina, fagiolo piccolissimo del Lago Trasimeno, al quale basta solo un'ora di ammollo. Da ricordare inoltre le fave giganti di Leonforte e le cicerchie, piccole fave oggi assai rare che nella gastronomia Umbra trovano ancora oggi ampio spazio per la preparazione di minestre e minestroni tipici della tradizione locale.

I Legumi e I Cereali

Cheeses

Cheese often defines a region's gastronomy. In Tuscany and Umbria, it is no different.

The milk principally used in Tuscany and Umbria comes from sheep, or *pecore*, from which the renowned pecorino takes its name.

Local pecorino does not have too much bite, even if it is very flavorful. We even have, because of the rennet used to curdle the milk, certain ones that are more or less sweet.

However, pecorino will never be too sweet or spicy because it is a type of cheese that has, more so than most, a very particular bouquet.

In the Tuscan city of Arezzo, the best is Pecorino del Casentino, or as it is called near the area of Siena, *Chiusure*, the aromatic "clay" cheese. Raveggiolo is the other very famous product, which is made from cow's milk. It is tender, sweet and has a light yellow, almost white color. Raveggiolo is very buttery and rather delicate. The most famous is from Sartiano next to Siena and is laid on special small reed mats that are still green.

In Umbria the famous cheeses are Pecorino di Norcia (Alta Valle del Nera and Castelluccio di Norcia), Ricotta Salata di Norcia and Caciotta Tartufata (Gubbio, Gualdo Tadino and Trevi).

Other cheeses used in this book's recipes are:

Fontina: A cow's milk Italian cheese made in the Aosta Valley in the Alps since the 12th century. Fonduta is a traditional dish of Fontina whipped with eggs and cream. Mature Fontina is a hard cheese and has a mild flavor which is rich, herbaceous and fruity, and also melts well.

Gorgonzola: A cheese made in the regions of Piedmont and Lombardy from whole pasteurized cow's milk to which is added bacteria. It can be buttery or firm, crumbly and quite salty, with a "bite" from its blue veining.

Provolone: A cheese that originated in Southern Italy, where it is still produced. Today, Provolone is a whole-milk cow cheese with a smooth skin and a taste that varies greatly from Provolone Piccante (piquant), which is aged for a minimum of four months and has a very sharp taste, to Provolone Dolce (sweet), which is very mild.

Parlare dei formaggi è d'obbligo perché il formaggio spesso fa la fama della gastronomia di un paese.

Il latte principalmente impiegato in Toscana e in Umbria è quello delle pecore e da queste prende nome il rinomato "pecorino."

Il "pecorino" nostrano non è mai troppo piccante anche se saporito. I tipi di pecorino sono più o meno dolci a se-conda della "presura" usata per cagliare il latte. Il "pecorino" di queste terre ha un bouquet tutto particolare.

Ad Arezzo il migliore è il "pecorino del Casentino," nel Senese quello di "Chiusure", l'aromatico formaggio "delle crete." Il "raveggiolo," altro famoso prodotto ricavato dal latte vaccino, ha una pasta molto tenera e dolce di colore giallo molto chiaro, quasi bianco. È molto burroso e piuttosto delicato. Il più rinomato è quello di Sartiano vicino a Siena, che è presentato su speciali piccole stuoie di giunco ancora verde.

In Umbria vanno segnalati il Pecorino di Norcia (Alta Valle del Nera, Castelluccio di Norcia), la Ricotta salata di Norcia e la Caciotta Tartufata (Gubbio, Gualdo Tadino, Trevi).

Altri formaggi usati nelle ricette di questo libro sono:

Fontina: È fatta con latte di mucca nella valle d'Aosta fin dal dodicesimo secolo. Questo è un formaggio a impasto duro, ha un sapore delicato e in qualche modo di noci e fruttato. Si fonde bene.

Gorgonzola: È un formaggio, prodotto in Piemonte ed in Lombardia con latte di mucca pastorizzato intero con aggiunta di batteri. Può essere burroso e morbido o consistente e friabile, con screziature verdi dovute alla formazione di muffe.

Provolone: Ha origine nell'Italia del sud, in cui ancora è prodotto. Il provolone è un formaggio a pasta filata semidura, stagionato, ottenuto da latte vaccino intero ad acidità naturale di fermentazione, a crosta liscia con gusto che varia notevolmente dal provolone piccante, invecchiato almeno 4 mesi e dal gusto molto tagliente, al provolone dolce con un gusto molto delicato.

I Formaggi

Mascarpone: A triple-cream cheese made from only the freshest cream, it's created by denaturing the cream with rennet. After denaturation, whey is removed without pressing. With its soft, creamy texture, it spreads with ease and blends well with other ingredients. This cheese originated in Lombardy, in Northern Italy. It is milky-white in color and, when fresh, smells like milk and cream.

Buffalo Mozzarella: How can I not mention another product that links me to my Neapolitan origins? Who

Mascarpone: È un formaggio con origini lombarde fatto solo con la crema più fresca denaturata con il caglio. Dopo la denaturazione, il siero di latte è rimosso senza premere o invecchiare. La relativa struttura morbida e cremosa si stende con facilità e si mescola bene con altri ingredienti. È di colore bianco.

Mozzarella di Bufala:Come non accennare ad un altro prodotto che mi lega alle mie origini napoletane, la mozzarella? Chi non ha mangiato almeno una volta una ca-prese alternando una fetta di mozzarella, una di pomodoro ed una foglia di basilico con un filo di olio

Cheeses

hasn't eaten a caprese salad at least once with its alternating slices of mozzarella, tomato and basil leaves topped off with a drizzle of olive oil?

I'm proud to be friends with Peppe Mandare, an influential producer of mozzarella, and his wonderful wife since 1970. Peppe is the head of the I.l.c Mandara S.p.A with more than 100 employees, all very well qualified, and with the ability to produce 20 tons of mozzarella a day.

Mozzarella is a stretched-curd cheese made with fresh buffalo milk. The characteristic bouquet of mozzarella develops during the various phases of production. The curd is given a hot bath in boiling water and stirred with a large wooden spoon or stick that mixes and kneads until the cheese is smooth and elastic. The next step is the *mozzatura*, which is the cutting of the mozzarella. In many dairies this is still traditionally done by hand with the thumb and index finger of the cheesemaker. The mozzarella that is produced is then allowed to cool in vats containing cold, salted water.

The rind is subtle and has a white color while the cheese itself is slightly elastic during the first 8 to 10 hours of production and after that is a bit more blended.

The word mozzarella appeared for the first time in a cookbook written by a chef in the papal court in the 16th century. Prior to that, however, in the 12th century the monks at the Monastery of St. Lorenzo in Capua offered a cheese called *mozza* or *provatura*, with a piece of bread to townspeople during the Feast of St. Lorenzo.

Peppe Mandara produces many of the cheeses I have described, as well as mozzarella. In 2000, the Società I.l.c. Mandara S.p.A. obtained Vision 2000 Iso 9001 Csqa, and in 2002 the Brc HigherLevel and Efsis Grade A.

How could we not mention important producer of cheeses in the United States, Errico Auricchio, the founder of BelGioioso Cheese, Inc., Errico is a part of the family whose name is linked to one of the most well-known Italian provolones. Errico, aided by his children Francesca and Gaetano, created BelGioioso Cheese, Inc (*www.belgioioso.com*) with its headquarters in Wisconsin. Any readers wishing to know where to find the cheeses in my recipes can call: 877 863-2123 or email: info@belgioioso.com. This will be a big help toward finding BelGioioso cheese in every corner of the

extravergine d'oliva?

E poi mi vanto essere amico dagli anni '70 di Peppe Mandara, da sempre un grande produttore di mozzarella che, coadiuvato dalla splendida moglie Alba (albabassano@hotmail.com), e' al vertice della I.l.c. Mandara* S.p.A con oltre 100 dipendenti, tutti altamente qualificati, e con una capacità produttiva di 20 tonnellate al giorno.

La mozzarella è un formaggio fresco a pasta filata e viene fatta con il latte fresco di bufala. La pasta del formaggio viene lavorata a mano con acqua bollente fino a farla "filare" ed il caratteristico "bouquet" è determinato dalla microflora particolare che si sviluppa durante le varie fasi della lavorazione. La filatura si avvale di un mestolo e di un bastone, entrambi in legno, sollevando e tirando continuamente la pasta fusa fino ad ottenere un impasto omogeneo. Segue poi la formatura, che in molti caseifici si esegue ancora a mano con la tradizionale "mozzatura", che il casaro effettua con il pollice e l'indice della mano. Le mozzarelle così prodotte vengono poi lasciate raffreddare in vasche contenenti acqua fredda e infine salate.

La crosta è sottilissima e di colore bianco porcellanato, mentre la pasta non presenta occhiature ed è leggermente elastica nelle prime otto-dieci ore dalla produzione, e poi sempre più fondente.

La parola "mozzarella" appare per la prima volta in un testo di cucina citato da un cuoco della corte papale nel XVI secolo. Ma già nel XII secolo, i monaci del monastero di S. Lorenzo in Capua (CE) usavano offrire, per la festa del santo patrono, una "mozza o provatura" accompagnata da un pezzo di pane.

Peppino Mandara produce molti dei formaggi qui descritti tra cui la mozzarella. La Società I.l.c. Mandara S.p.A nel 2000 ha ottenuto la certificazione Vision 2000 Iso 9001 Csqa, nel 2002 la Brc HigherLevel ed Efsis grade A.

E come non menzionare un grande produttore di formaggi negli States, Errico Auricchio fondatore della BelGioioso Cheese Inc. Errico fa parte di una famiglia che ha il nome legato ad uno dei piu' conosciuti provoloni italiani. Errico coadiuvato dai figli Francesca e Gaetano, ha creato in America la BelGioioso Cheese, INC (*www.belgioioso.com*) con sede nel Wisconsin. Tutti i lettori ameri-

I Formaggi

The sheep raised at Parco Fiorito.   Le pecore allevate a Parco Fiorito.

United States. BelGioioso's mascarpone can be found at Wegman's, Shoprite, A&P, Pathmark, Shaw's, DeMoula's, Meijer's and Trader Joe's, to name a few.

cani che vorranno sapere dove trovare i formaggi indicati nelle mie ricette potranno telefonare al 1 920 863 2123, (877) 863-2123 o inviare una mail a info@belgioioso.com. Questo sara' un valido aiuto per trovare i formaggi BelGioioso in ogni angolo degli States. Infatti la BelGioioso fornisce il Mascarpone a Wegman's, Shoprite, A&P, Pathmark, Shaw's, De Moula's, Meijer's, Trader Joe's solo per indicare dei nomi tra i tanti che qui assorbirebbero tutte le pagine del libro se li volessimo indicare tutti.

The Wines of Tuscany and Umbria

According to the Chianti legend, Tuscany is considered by many experts to produce the most refined wines in the world. Umbria's wines are known to a lesser extent, but this is certainly not a reflection of quality.

In Italy wine is produced under the strict supervision of a national confederation. This group defends and supports Italian wine by identifying production areas and wine qualities. The higher levels, the DOCG (Denomination of Controlled Origin and Guaranteed) wines and the DOC (Denomination of Controlled Origin) are the noblest categories with production regulations set by the Confederation. Numerous DOCGs and DOCs protect these regions' production, ranging from a few bottles to the many hundreds of thousands each year.

The principal grape varietals cultivated in both regions are Sangiovese, Canaiolo, Cabernet, Trebbiano, Malvasia and Vernaccia.

Among the numerous wines from Tuscany and Umbria, I will discuss the characteristics of the most well-known.

Brunello di Montalcino DOCG

Among the most famous and best in Italy, it is one of the legends of Italian enology that makes the world envy us. This DOCG red wine is produced only in Montalcino in a very particular manner.

It has a very long aging process: at least four years in wooden barrels before it is released, and at least five years for the reserve, and obviously much more for the better vintages.

Grape Varietal: Brunello (Sangiovese variety).

Production Zone: Montalcino, province of Siena.

Pairing: Flavorful dishes like roasts and game, wild boar and steak alla fiorentina.

Rosso di Montalcino

The younger brother of the famous Brunello, which also comes from Montalcino. It is a generous red wine in every respect, which, according to regulations, must wait until the first of September of the year after its vinification before being released.

Nel mito del Chianti, la Toscana è considerata da molti esperti quella che produce i vini più raffinati a livello mondiale. L'Umbria produce vini oggi meno noti, ma non certo da meno per qualità.

Numerose DOC e DOCG tutelano le loro produzioni, che spaziano dalle poche bottiglie alle molte centinaia di migliaia l'anno.

Le principali varietà di uva coltivate in entrambe le regioni sono Sangiovese, Canaiolo, Cabernet, Trebbiano, Malvasia e Vernaccia.

Tra i numerosi vini della Toscana e dell'Umbria riporto di seguito le caratteristiche dei più conosciuti:

Brunello di Montalcino DOCG

Fra i più famosi e migliori in Italia, un mito dell'enologia italiana che il mondo ci invidia, è un vino rosso a DOCG prodotto solo a Montalcino in maniera del tutto particolare.

Ha lunghissimo invecchiamento: almeno quattro anni in botti di legno prima di poter essere commercializzato e almeno cinque per le riserve, e ovviamente molto di più per le annate migliori.

Vitigno: Brunello (varietà di Sangiovese).

Zona di produzione: Montalcino, provincia di Siena.

Abbinamenti: piatti saporiti quali arrosti e cacciagione, cinghiale e fiorentina ai ferri.

Rosso di Montalcino

Il "fratello minore" del famoso Brunello proviene dalla stessa zona di Montalcino ed è un generoso vino rosso di tutto rispetto, che deve aspettare per regolamento il primo settembre dell'anno successivo alla vendemmia prima di essere messo in commercio.

Vitigni: Sangiovese e Sangiovese Grosso.

Zona di produzione: provincia di Siena.

I Vini della Toscana e dell' Umbria

Grape Varietals: Sangiovese and Sangiovese Grosso.

Zone of Production: Province of Siena.

Pairing: Meat-based first courses, baked pastas and grilled poultry.

Vino Nobile di Montepulciano DOCG

Vino Nobile, in both name and quality, is one of the DOCG red wines that is a symbol of Tuscan enology. It must be aged for at least two years in wooden barrels, at least three to be considered a "reserve" wine and four to be a "special reserve," however, the aging process can be much longer, especially for the better vintages.

Grape Varietals: Prugnolo Gentile (a type of Sangiovese) at least 50 percent, and then Canaiolo Nero, Malvasia del Chianti and Trebbiano Toscano with the likely addition of small amounts of other local varietals.

Production Zone: Province of Siena

Pairing: Excellent with first courses, roasted red meats and game; try with *pici al ragù*.

Vernaccia di San Gimignano DOCG

One of the most famous white wines from Italy, it is protected by the DOCG and has a long history. The first documentation of the wine goes back to the 1200s. Produced only in the restricted territory around San Gimignano, it is an elevated white that must be aged for at least six months and can become a reserve after one year.

Grape Varietal: Vernaccia

Production Zone: Province of Siena

Pairing: White meats and seafood dishes, cured meats and Tuscan prosciutto, mixed fried foods and a savory leek tart.

Abbinamenti: primi di carne e pasta al forno, pollame alla griglia.

Vino Nobile di Montepulciano DOCG

Nobile di nome e di fatto, è uno dei vini rossi a DOCG simbolo della enologia toscana. Deve essere invecchiato almeno due anni in botti di legno, almeno tre per fregiarsi della qualifica di "riserva", quattro per "riserva speciale", ma l'affinamento può essere molto più lungo soprattutto per le annate migliori.

Vitigni: Prugnolo Gentile (varietà di Sangiovese) almeno al 50%, e poi Canaiolo Nero, Malvasia del Chianti e Trebbiano Toscano, con eventuali minime aggiunte di altre uve locali.

Zona di produzione: provincia di Siena.

Abbinamenti: primi piatti importanti, arrosti di carni rosse e selvaggina; da provare coi pici al ragù.

Vernaccia di S. Gimignano DOCG

Uno dei più famosi vini bianchi d'Italia, tutelato dalla DOCG, la Vernaccia ha lunga storia: i primi documenti che la menzionano risalgono addirittura al 1200. Prodotta solo nel ristretto territorio di San Gimignano, è un bianco eccelso, che deve essere invecchiato almeno per sei mesi e può diventare "Riserva" dopo un anno.

Vitigno: Vernaccia.

Zona di produzione: provincia di Siena.

Abbinamenti: carni bianche e piatti di pesce, salumi e prosciutto toscano; da provare con il fritto misto e la torta salata ai porri.

The Wines of Tuscany and Umbria

Vin Santo del Chianti

This classic Tuscan dessert wine is produced with grapes dried on traditional rafters and aged in *cartelli* (traditional 50 liter barrels) for a minimum of three years.

Grape Varietals: Trebbiano and Malvasia.

Production Zone: The provinces of Florence and Siena.

Pairing: Cookies, particularly with *cantuccini* (classic Tuscan biscotti) and *panforte* (a traditional Christmas cake from Siena that has fruits and nuts).

Chianti

The region of Chianti DOCG includes, besides that of Chianti Classico, other production zones covering half of Tuscany, which make it the most expansive wine region in Italy. These include Colli Aretini, Colli Fiorentini, Colli Senesi, Colline Pisane, Montalbano and Rufina.

Grape Varietals: Sangiovese, Canaiolo Nero, Trebbiano Toscano, Malvasia del Chianti, and at times small additions of other varietals.

Production Zone: DOCG of the province of Arezzo, Florence, Pisa, Pistoia, Prato and Siena.

Pairing: The young Chianti is a wine of elevated status that pairs well with any dish, especially chicken, white and red meat, and first courses with a meat base.

Chianti Classico

It is one of the best Italian wines, maybe the most famous in the world, and is certainly an emblem of Tuscany. Chianti Classico DOCG is produced in the region of Chianti Classico. Its origins are very ancient: its production dates back to the 15th century. The practice of regulating its production goes back to the 18th century, and it became world-famous in the 19th century thanks to Baron Ricasoli. It is easy to recognize Chianti

Vin Santo del Chianti

È il classico vino da dessert toscano, prodotto con uve fatte appassire sui tipici graticci, che vengono poi pigiate e fatte invecchiare in caratelli per un minimo di tre anni.

Vitigni: Trebbiano e Malvasia.

Zona di produzione: provincia di Firenze e Siena.

Abbinamenti: pasticceria secca; ideale con i tipici cantuccini e con il panforte.

Chianti

La zona del Chianti DOCG prevede, oltre al Chianti Classico, altre zone di produzione che, coprendo mezza Toscana, ne fanno la regione vinicola più estesa d'Italia. Le aree sono Colli Aretini, Colli Fiorentini, Colli Senesi, Colline Pisane, Montalbano e Rufina.

Vitigni: Sangiovese, Canaiolo Nero, Trebbiano toscano, Malvasia del Chianti, a volte con aggiunte in minima parte di altre varietà.

Zona di produzione: DOCG di comuni delle province di Arezzo, Firenze, Pisa, Pistoia, Prato e Siena.

Abbinamenti: il chianti giovane è un eccelso vino da tutto pasto; e poi piatti di pollo e carni bianche, arrosti di carni rosse, primi piatti a base di carne.

Chianti Classico

È uno dei migliori vini italiani, forse il più famoso nel mondo, sicuramente un emblema per la Toscana. Il Chianti Classico DOCG è prodotto nella zona delle omonime colline, ed ha origini antichissime: noto fin dal '400, la pratica di "governare il vino" risale al '700, anche se la sua fama ha origine "solo" nell '800 grazie al barone Ricasoli. Si identifica facilmente sulle bottiglie dal simbolo del Gallo Nero, emblema dell'antica Lega del Chianti.

I Vini della Toscana e dell'Umbria

Classico by the black rooster on its bottles, the symbol of the age-old Chianti Consortium.

Grape Varietals: Sangiovese, Canaiolo Nero, Trebbiano Toscano, Malvasia del Chianti.

Production Zone: A few communes in the provinces of Florence and Siena.

Pairing: Typical Tuscan dishes made with chicken and white meat; the Reserve with roasts and red meat, game and wild boar; steak alla fiorentina.

Torigano Rosso Riserva DOCG

A wine from the most classic wine region in Umbria, it is soft, dry, ruby red and harmonious in taste.

Grape Varietals: Sangiovese and Lanaiolo

Production Zone: Part of the Commune of Torgiano.

Pairing: Roasts and game.

Montefalco Sagrantino DOCG

This wine is soft, dry and has an intense ruby red color, which at times is violet and becomes almost garnet with age. The nose is delicate with hints of blackberry.

Grape Varietals: Sagrantino. At first it was used as an ingredient for *passiti* (sweet raisin) wines, but today it is used more prominently. It is a dry red, and at times, is mixed with Sangiovese.

Production Zone: The commune of Montefalco and part of the communes of Bevagna, Gualdo Cattaneo, Castel Ritaldi and Giano dell'Umbria.

Pairing: Roasted red meats.

Vitigni: Sangiovese, Canaiolo Nero, Trebbiano toscano, Malvasia del Chianti.

Zona di produzione: DOCG di alcuni comuni delle province di Firenze e Siena.

Abbinamenti: piatti tipici toscani di pollo e carni bianche, il Riserva con arrosti e carni rosse, selvaggina e cinghiale. Su tutti, la classica fiorentina ai ferri.

Torgiano Rosso Riserva DOCG

È un vino della più classica zona vinicola umbra: tranquillo, secco, dal colore rosso rubino e dal sapore asciutto e armonico.

Vitigni: Sangiovese, Canaiolo.

Zona di produzione: parte del Comune di Torgiano.

Abbinamenti: arrosti e selvaggina.

Montefalco Sagrantino DOCG

Tranquillo, secco, dal colore rosso rubino intenso, talvolta con riflessi violacei e tendente al granato con l'invecchiamento. L'odore è delicato e ricorda quello delle more di rovo.

Vitigni: Sagrantino. È stato utilizzato come ingrediente per i vini passiti, ma oggi è più promettente, se ben vinificato, come rosso secco, in qualche caso mescolato con Sangiovese.

Zona di produzione: Il comune di Montefalco e parte dei comuni di Bevagna, Gualdo Cattaneo, Castel Ritaldi, Giano dell'Umbria.

Abbinamenti: con carni rosse arrosto.

The Annurca Apple

The apple, in its many varieties, is part of the daily diet in every corner of the world. I want to introduce you to the Annurca apple, which is tied to my Neapolitan roots. When I see this apple sitting on the market shelves I always buy some to use in my recipes. It is particularly tasty and has a compact and hard structure that makes for very enjoyable dishes. I am also very proud to say that my cousins, Nino and Peppino Galdiero, are major producers of the Annurca apple, which they market throughout all of Europe with their children and the help of the Cooperativa Giotto.

This fruit is one of the typical products of Campania that has always been highly valued by the local population for its taste and its nutritional and curative attributes.

This ancient and traditional apple is ripened in a unique fashion. Picked when green, it is left on the ground, which has been covered with pine needles and wood shavings, and is turned by hand at least two or three times to expose all of the fruit's surface to the sun until all of the skin is perfectly ripe.

The cultivation of the Annurca apple dates back to ancient Roman times. It is famous for the ways in which it is depicted in the paintings in the House of the Deers at Herculaneum.

Campania's Annurca apple was awarded the protective title of Indication of Geographical Protection (IGP) by the Italian Ministry of Agriculture through the EEC (the same governing body that oversees the DOC and DOP), which has also limited its cultivation to the region of Campania. This labeling system identifies foods that are typical of the regional tradition and certifies artisanal producers throughout Italy.

La mela, nelle sue numerose varietà, fa parte della nostra dieta quotidiana in ogni angolo del mondo. Ho voluto fare un accenno ad una mela che è legata alle mie origini napoletane. Quando la vedo sui banchi di vendita la compro sempre e la inserisco nelle mie ricette. È una mela particolarmente saporita e mantiene una struttura compatta e dura che permette di rendere il piatto particolarmente gradito. Sono orgoglioso di poter dire che i miei cugini, Nino e Peppino Galdiero, ne sono grandi produttori ed attraverso i loro figli la commercializzano in tutta Europa attraverso la Cooperativa Giotto.

La mela Annurca è un frutto tipico della Campania, da sempre apprezzato e richiesto dalla popolazione locale per le sue caratteristiche organolettiche, nutrizionali e terapeutiche.

Questa antica mela è caratterizzata dalla pratica dell'arrossimento del frutto dopo la raccolta, nei cosiddetti *melai*, dove vengono girate a mano almeno due o tre volte, per esporre al sole tutta la superficie del frutto fino al completo arrossimento della buccia. La coltivazione della mela Annurca risale a prima dell'Era Romana. Famosa è la sua rappresentazione nei dipinti rinvenuti nella Casa dei Cervi degli Scavi di Ercolano.

La Melannurca Campana ha ottenuto dal Ministero delle Politiche Agricole il riconoscimento I.G.P. (Indicazione Geografica Protetta) ai sensi del Reg. C.E. 2081/92.

La Melannurca

Aromatic Herbs

Aromatic herbs are an ever-present ingredient in Tuscan and Umbrian cooking. Today herbs are used to flavor dishes, while in the past they were used for medicine.

The most common are:

Basil: Use fresh or dried, cooked in sauces or wherever you need to add flavor that is strong, yet not excessively pungent. In teas, basil can be used to counteract migraines and body aches.

Sage: Used especially with roasts and fresh game stews, or to season fish or chicken by placing leaves under its skin. Sage tea is also good for treating a sore throat.

Thyme: Used fresh sometimes to flavor mixed green salads and in sauces. It's great for flavoring bread. I like to also use it to season baked potatoes.

Rosemary: Used for roasted meats, it is one of the most aromatic herbs in this group.

Mint: Used fresh in salads. When cooked it does wonders with sauces for game. It is also an ingredient found in many liqueurs and can be used to make herbal respiratory aids.

Hot Red Pepper Flakes: This spicy ingredient is very popular. Its primary use is to bring out a dish's flavor.

Parsley: Used fresh in pasta dishes, sauces, eggs, or with potatoes and fish. It is excellent in soups and is wonderful when chopped and sprinkled onto any savory dish.

Le Erbe Aromatiche

Sono un elemento sempre presente nella cucina toscana e umbra. Mentre oggi le erbe vengono usate per dare sapore ad un piatto, in passato le erbe sono state usate in medicina.

Tra le più usate:

Basilico: si usa crudo o secco, cotto nei sughi e, dove occorre, come aromatizzante forte, ma non eccessivamente piccante. In una tisana, il basilico puó essere usato contro le emicranie ed i dolori di pancia.

Salvia: si usa specialmente con gli arrosti, cruda nel guazzetto per certa cacciagione ed anche per steccare talvolta il pesce. Inoltre è usato per alleviare il mal di gola.

Timo: si usa crudo, talvolta per aromatizzare l'insalata di campo, e cotto nei sughi. Ottimo per insaporire il pane. Io personalmente lo uso per condire le patate al forno.

Rosmarino: si usa per arrosti. È una delle erbe profumate tra le più usate.

Menta: cruda con insalate, soprattutto con l'erba dei cappuccini. Si usa nei liquori, ma anche da cotta, per migliorare certi sughi per la caccia.

Peperoncino: È l'ortaggio piccante più in voga; il suo particolare profumo esalta il sapore delle pietanze.

Prezzemolo: Si usa fresco sulla pasta, sulle uova, con le patate e sul pesce. Eccellente cucinato nelle minestre e negli stufati. Tagliato esalta spolverandolo qualsiasi piatto saporito.

Guests, Sarah Krakow and Kate Kingen, enjoy putting ingredients together during cooking classes at Parco Fiorito.

Gli ospiti, Sarah Krakow e Kate Kingen, a loro piace mettere insieme gli ingredienti durante una lezione di cucina a Parco Fiorito.

Roberto Russo and Kathryn Kingen visit in Seattle at her restaurant, Salty's on Alki.

Roberto Russo con Kathryn Kingen durante una visita al Ristorante Salty's di Alki a Seattle.

In Italy Kathryn (far left) and Gerry Kingen (far right) introduce Roberto Russo to Pamela Neithercott.

Kathryn (a sinistra) e Gerry Kingen (a destra) presentano Roberto Russo a Pamela Neithercott.

While visiting Seattle, Roberto Russo receives a standing ovation from guests after they enjoy his meal.

Roberto Russo acclamato per la sua cucina durante una sua serata a Seattle.

Executive Chef Gabriel Cabrera
from Salty's at Redondo Beach,
south of Seattle.

Capo Chef Gabriel Cabrera
dal ristorante Salty's di Redondo
Beach, a sud di Seattle.

The Pacific Northwest

Co-owner Salty's restaurants,
Kathryn Kingen.

La proprietaria dei ristoranti Salty's,
Kathryn Kingen.

The Pacific
152 Northwest

Il Nord-ovest del Pacifico

Executive Chef Jeremy McLachlan
from Salty's on Alki Beach, in Seattle.

Capo Chef Jeremy McLachlan
dal ristorante Salty's di Alki Beach a
Seattle.

Executive Chef Dana Cress
from Salty's on the Columbia in
Portland, Oregon.

Capo Chef Dana Cress
dal ristorante Salty's sul fiume
Columbia a Portland, Oregon.

Pastry Chef Jane Gibson from Salty's on
Alki Beach, Seattle.

Chef Pasticciere Jane Gibson
dal ristorante Salty's di Alki Beach a
Seattle.

Il Nord-ovest del Pacifico 153

Cured Salmon Carpaccio and Arugula Salad

Using fresh ingredients, this is a fast dish that wows. The Salty's chefs suggest serving this dish with a white anchovy vinaigrette for an Italian twist.

12 ounces cured salmon (lox)
2 bunches arugula
¼ fennel bulb, minced
¼ red onion, julienned
¼ roasted red pepper,
   julienned
White Anchovy Vinaigrette
   (recipe below)

Arrange the salmon on a chilled salad plate. In a medium bowl, combine the arugula, fennel, onions and peppers. Drizzle with the anchovy vinaigrette and toss well to coat.

Arrange the salad on top of the cured salmon and serve immediately. Serves 4

White Anchovy Vinaigrette

1 white anchovy, roughly
   chopped
½ shallot, chopped
1 tablespoon Dijon mustard
4 sprigs parsley, chopped

1 sprig thyme
⅓ cup sherry vinegar
1 cup extra-virgin olive oil
salt and freshly ground pepper

In a food processor, combine the anchovy, shallots, mustard, parsley, thyme and vinegar.

Add the olive oil in a slow steady stream and continue to process until emulsified. Season with salt and pepper. Set aside. Makes 1½ cups

Ecco una ricetta semplice che usando prodotti freschi vi sorprenderà. Gli chef di Salty's suggeriscono di servire questo piatto con una vinaigrette di acciuga bianca per renderlo più tipicamente italiano.

340 g di salmone affumicato
2 mazzetti di rucola
¼ finocchio, ben tritato
¼ cipolla rossa, tagliata a
   fette sottili
¼ peperone rosso, tagliato a
   fette sottili
Vinaigrette di Acciuga Bianca
   (ricetta sotto)

Adagiate il salmone su un piatto di portata. Riunite in una terrina la rucola, il finocchio, la cipolla, il peperone e mescolate bene. Condite con la salsa d'acciughe e mescolate ancora.

Cospargete l'insalata così preparata sul salmone e servite immediatamente. Per 4 persone

Vinaigrette di Acciuga Bianca

1 acciuga bianca, tagliata
½ scalogno, tagliato
16 g di senape di Dijon
prezzemolo tritato
timo

5 cucchiai di aceto di sherry
16 cucchiai di olio
   extravergine d'oliva
sale e pepe q.b.

Mescolare nel frullatore l'acciuga, lo scalogno, la senape, il prezzemolo, il timo e l'aceto. Aggiungete olio, sale e pepe e mettete da parte. Per fare 3,5 dl

Carpaccio di Salmone Affumicato e Insalata di Rucola

Prosciutto-Wrapped Asparagus with Chèvre

This recipe showcases how Italian and Pacific Northwest cuisines bridge the distance. The chefs at Salty's suggest serving the fresh Northwest asparagus wrapped with Italian-style cured ham with watercress pesto for a fresh twist.

Questa ricetta mostra come la cucina italiana e la cucina del nord-ovest del pacifico siano simili. Gli chef di Salty's suggeriscono di servire gli asparagi freschi avvolti nel prosciutto e, per proporre qualcosa di veramente nuovo, aggiungono un pesto di crescione.

6 slices prosciutto
1 bunch asparagus
3 tablespoons chèvre
3 tablespoons Watercress
    Pesto (recipe below)

1 tablespoon pine nuts, toasted
    for garnish

6 fette di prosciutto
1 fascio di asparagi
3 cucchiai caprino
3 cucchiai di Pesto di
    Crescione (ricetta sotto)

1 cucchiaio di pinoli tostati
    per guarnire

Cut 1 inch off the bottom of each asparagus spear and discard. Bring a pot of water to a boil. Add the asparagus and cook for 2 minutes. Drain the asparagus and immediately transfer to a bowl of ice water. Drain and pat dry.

Preheat a grill or grill pan. Wrap the asparagus spears in bundles of 3 with 1 slice of prosciutto. Transfer the prosciutto-wrapped asparagus to the grill and cook until the prosciutto is slightly crisp. Remove from the grill and set aside.

To serve, top each of the wraps with ½ tablespoon of chèvre and ½ tablespoon of the pesto, then garnish with some of the toasted pine nuts. Serves 4

Togliete 2-3 cm dalla base di ogni asparago. Fate bollire una pentola di acqua. Aggiungete gli asparagi e cuoceteli per 2 minuti. Trasferite gli asparagi in una terrina di acqua e ghiaccio. Asciugateli.

Preriscaldate una griglia. Avvolgete gli asparagi con 1 fetta di prosciutto. Cuoceteli fino a quando il prosciutto diventa croccante. Toglieteli dalla griglia e metteteli da parte.

Per servire, mettete su ogni involtino ½ cucchiaio di formaggio caprino, ½ cucchiaio di pesto e guarnite con pinoli. Per 4 persone

Watercress Pesto

All pesto does not have to be basil-based. This watercress version has a slightly peppery flavor that livens up any vegetable dish and also goes well with pasta.

Pesto di Crescione

Quando si parla di pesto si è portati a pensare al basilico. Ma in questo caso si pesta il crescione, che ha un gusto quasi pepato e che può rendere gustosi sia piatti di verdure o insaporire la pasta.

2 bunches watercress
1 clove garlic, minced
¼ cup Parmigiano-Reggiano,
    grated

3 tablespoons pine nuts, toasted
½ cup olive oil
salt and freshly ground pepper

2 mazzetti di crescione
1 spicchio d'aglio, ben tritato
60 g di parmigiano-reggiano
    grattugiato

3 cucchiai di pinoli abbrustoliti
4 cucchiai di olio extravergine
    d'oliva
sale e pepe q.b.

In a food processor, combine all the ingredients and purée until smooth. Set aside until ready to use as a topping with Prosciutto-Wrapped Asparagus. Makes ¾ cup

Riunite tutti gli ingredienti fino ad ottenere una purea omogenea. Usatelo per condire gli asparagi avvolti nel prosciutto. Per fare 1¾ dl

Asparagi Avvolti con Prosciutto e Formaggio

Halibut Romano-Asiago Cakes with Chive Vinaigrette

2 tablespoons extra-virgin olive oil
¼ onion, diced
2 stalks celery, diced
½ green pepper, seeds and inner white ribbing removed, diced
1 clove garlic, minced
1 pound halibut, diced
⅓ cup mayonnaise
1 teaspoon Worcestershire sauce
6 sprigs parsley, chopped
½ cup panko breadcrumbs
½ cup Pecorino Romano, grated
½ cup Asiago, grated

canola oil for frying
Chive Vinaigrette (recipe follows)
chives, sliced for garnish

Chive Vinaigrette
4 tablespoons champagne vinegar
10 sprigs chives, chopped
1 teaspoon ground mustard
1 clove garlic, minced
½ shallot, minced
1 teaspoon sugar
salt and freshly ground pepper
1 cup extra-virgin olive oil

In a small skillet over medium-high heat, warm the olive oil. Add the onions, celery and green pepper and sauté until the onions are translucent. Add the garlic and sauté for 1 minute. Remove from the heat and set aside to cool. In a large bowl combine the halibut, mayonnaise, Worcestershire sauce, parsley, panko breadcrumbs, Pecorino and Asiago.

Add the cooled vegetables and mix until well combined. Roll into 3-inch balls and flatten into thick cakes. In a deep skillet, heat the canola oil. Carefully lower the halibut cakes into the hot oil and fry until golden.

Using tongs, carefully transfer the halibut cakes to a plate lined with paper towels to drain.

To serve, pour chive vinaigrette onto a plate. Arrange the halibut cakes on top of the vinaigrette. Garnish with sliced chives. Serves 4

To prepare Chive Vinaigrette:
In small bowl combine the vinegar, chives, mustard, garlic, shallots and sugar, and season with salt and pepper. Whisk until well combined. Add the olive oil in a slow, steady stream while whisking. Mix until well combined and set aside. Makes 1½ cups

---

2 cucchiai di olio extra vergine di oliva
1 piccola cipolla tagliata finemente
2 gambi di sedano tagliati finemente
1 peperoncino verde senza semi tagliato finemente, seeds and
1 spicchio d'aglio sminuzzato
500 g di coda di rospo sminuzzata
100 g di maionese
6 gambi di prezzemolo
1 cucchiaino di salsa Worcestershire
125 g di pangrattato
125 g di Pecorino Romano, grattato
125 g di Asiago, grattato

olio di extra vergine di oliva q.b.
Vinaigrette di erba cipollina (segue la ricetta)
erba cipollina per guarnire

Vinaigrette di Erba Cipollina
4 cucchiai di aceto di champagne (bianco delicato)
10 rami di erba cipollina tagliata finemente
1 cucchiaino di senape
1 spicchio d'aglio sminuzzato
½ scalogno sminuzzato
1 cucchiaino di zucchero
sale e pepe fresco
1 quarto di olio extra vergine di oliva

In una padella a fuoco medio-alto riscaldare l'olio. Aggiungere le cipolle, il sedano e peperoncino verde e rosolare fino a quando le cipolle sono trasparenti. Aggiungere l'aglio e rosolare per 1 minuto. Togliere dal fuoco e mettere a raffreddare.

In una ciotola combinare la Coda di rospo sminuzzata, maionese, salsa Worcestershire, prezzemolo, pangrattato, pecorino e Asiago.

Aggiungere le verdure e mescolare bene fino ad ottenere un impasto omogeneo. Fare delle palline di 8/10 cm e schiacciarle per ottenere dei medaglioni.

In una padella profonda, riscaldare l'olio di oliva necessario. Immergere con cura i medaglioni in olio bollente e indorarli.

Utilizzando le pinze, trasferire attentamente i medaglioni in un piatto con carta assorbente.

Per servire versare la Vinaigrette di erba cipollina su un piatto e poggiare sopra i medaglioni di pesce.

Guarnire con erba cipollina. Per 4 persone

Per preparare la Vinaigrette:
Frullare l'aceto, l'erba cipollina, la senape, l'aglio, lo scalogno, lo zucchero e regolare con sale e pepe fino a rendere il tutto omogeneo. Aggiungere l'olio a filo

Polpettine di Coda di Rospo con Vinaigrette di Erba Cipollina

Clam and Mussel Risotto

This showstopper blends the best harvest of the Pacific Northwest waters with risotto, an icon of Italian culinary tradition. It is best enjoyed with a bottle of Chardonnay that is fruity and has enough acid to balance these lovely mollusks.

For the risotto:
4 tablespoons extra-virgin olive oil
1 medium onion, chopped
1 shallot, chopped
2 cloves garlic, chopped
2 cups Arborio rice
½ cup white wine
4 cups clam stock, heated
1 cup Parmigiano-Reggiano, grated, divided

For the steamed shellfish:
1 tablespoon butter
4 cloves garlic, chopped
1 sprig fresh thyme, chopped
1 cup white wine
3 pounds fresh clams
2 pounds fresh mussels

For the salad:
2 bunches arugula
juice of 1 lemon
4 tablespoons extra-virgin olive oil
salt and freshly ground pepper
parsley for garnish

Prepare the risotto: In a skillet over medium heat, warm the olive oil. Add the onions and shallots and sauté until translucent, about 4 minutes. Add the garlic and cook for 1 minute. Add the rice and stir until each grain is coated. Add the wine and stir until the liquid is completely absorbed. Add the clam stock in ½-cup increments, stirring constantly, allowing each addition to be absorbed before adding more. Continue to cook until the rice is al dente. Fold in ½ cup of the Parmigiano. Remove from the heat and keep warm.

Prepare the steamed shellfish: In a large, heavy saucepan over medium high heat, warm the butter. Add the garlic and thyme and sauté for 1 minute.

Add the wine, clams and mussels. Cover and steam until the shells open, about 5 minutes. Discard any clams or mussels that did not open. Reserve the juice. Set aside.

Prepare the salad: In a medium bowl, combine the arugula with the lemon juice and olive oil. Season with salt and pepper and toss well to coat. Set aside ⅔ of the shellfish and keep warm. Chop the remaining shellfish meat. Add the meat and the reserved broth to the risotto and stir. Keep warm.

Questo incredibile piatto esalta gli eccellenti frutti di mare del Nord-Ovest del Pacifico nel risotto, che è una icona della cucina tradizionale italiana. Va gustato con una bottiglia di Chardonnay che è fruttato ed abbastanza acido per equilibrare il gusto dei molluschi.

Per il risotto:
4 cucchiai di olio extravergine d'oliva
1 cipolla media tagliata
1 scalogno tagliato
2 spicchi d'aglio tagliati
400 g di riso Arborio
2,5 dl di vino bianco
1 litro di brodo di vongole
250 g di parmigiano-reggiano

Per i molluschi:
15 g di burro
4 spicchi d'aglio tagliati
1 mazzo di timo tagliato
2,5 dl vino bianco
1,5 kg di vongole fresche, pulite
1 kg di cozze pulite

Per l'insalata:
2 mazzi di rucola
Il succo di 1 limone
5 cucchiai di olio extravergine d'oliva
sale e pepe q.b.
prezzemolo per guarnire

Per il risotto: In una padella riscaldate l'olio e il burro. Soffriggete la cipolla e lo scalogno a fuoco lento fino a renderle trasparenti, circa 4 minuti. Aggiungete l'aglio e cuocete per 1 minuto. Versate il riso nella padella e tostatelo. Quindi aggiungete il vino e mescolate finchè non è evaporato. Aggiungete man mano qualche bicchiere di brodo e continuate a cuocere facendo attenzione che resti al dente. Incorporate metà del Parmigiano, toglietelo dal fuoco e tenetelo al caldo.

Per i molluschi: in una grande pentola, riscaldate il burro, aggiungete il timo e l'aglio saltandolo a fiamma medio-alta per 1 minuto. Aggiungete il vino, le vongole e le cozze. Coprite e cuocete finchè i gusci si aprono, circa 5 minuti. Eliminate i molluschi che non si sono aperti. Conservate al caldo il brodo e ⅔ dei molluschi.

Tagliate finemente i rimanenti frutti di mare aggiungendoli al risotto con il brodo prima conservato e mescolate il tutto. In una terrina, riunite il succo del limone con la rucola e l'olio e conditeli con sale e pepe mescolando il tutto.

Per servire, mettete il risotto al centro dei 6 piatti. Copritelo con le vongole e le cozze e guarnite con la

Risotto di Vongole e Cozze

To serve, spoon the risotto onto the center of 6 individual serving plates. Divide the steamed clams and mussels evenly and place on top of the risotto. Arrange the arugula in a circle around the edge of each plate. Garnish with fresh parsley and the remaining Parmigiano. Serve immediately. Serves 6

rucola il cerchio esteriore dei piatti. Rifinite con prezzemolo e il resto del Parmigiano. Servire immediatamente.
Per 6 persone

Chilled Heirloom Tomato Soup with Herbed Dungeness Crab

A fresh catch and summer's tomato garden inspired the Salty's chefs to create this sunny day refresher.

Un granchio appena pescato e l'orto pieno di pomodori hanno inspirato i cuochi del Ristorante Salty's a creare questo fresco piatto estivo.

For the soup:
- 1 pound heirloom tomatoes, cut in half
- ½ cup scallions, chopped
- 1 red bell pepper, seeds and inner white ribbing removed, roughly chopped
- 1 cucumber, roughly chopped
- 3 stalks celery, roughly chopped
- ½ cup cilantro, chopped
- 1½ cups balsamic vinegar
- 1 cup tomato juice
- ½ cup extra-virgin olive oil
- salt and freshly ground pepper

For the aioli:
- 1 egg yolk
- 1 clove garlic, minced
- ½ cup canola oil
- 1 teaspoon lemon juice, fresh squeezed
- salt

For the herbed Dungeness crab:
- 1 cup Dungeness crab, drained
- ¼ cup Italian parsley, chopped
- 1 tablespoon thyme, chopped
- 2 tablespoons tarragon, chopped
- 3 tablespoons aioli (optional)
- salt

Per la zuppa:
- 500 g di pomodori tagliati a meta
- 150 g di scalogno (solo la parte bianche e verde).
- 1 peperone rosso tagliato a pezzettoni
- 1 cetriolo, tagliato a pezzettoni
- 3 coste di sedano tagliate a pezzettoni
- 100 g di cilantro tritato
- 3,5 dl di aceto balsamico
- 250 g di succo di pomodoro
- 1,5 dl di olio extravergine d'oliva
- sale

Per la salsa alla mayonese: l'aglio:
- 1 tuorlo d'uovo
- 1 spicchio d'aglio
- 12 cl di olio di semi di colza
- 1 cucchiaino di succo di limone
- sale

Per il granchio:
- 225 g di polpa di granchio
- 15 g di prezzemolo tritato
- 1 cucchiaio di timo tritato
- 2 cucchiai di dragoncello tritato
- 3 cucchiai di mayonese
- sale

Prepare the soup: In a bowl, combine the tomatoes, scallions, bell pepper, cucumber, cilantro, celery and balsamic vinegar. Marinate for 20 minutes.

Transfer the marinated vegetables to a food processor and process until smooth, adding some of the tomato juice and olive oil while the motor is running. Transfer the soup to a large serving bowl and season with salt and pepper. Chill in the refrigerator.

Prepare the aioli: In a bowl, whisk the egg yolk until well beaten. Add the garlic and mix well. Add the oil in a slow, steady stream, while whisking, and mix until well combined. Add the lemon juice and season with salt. Whisk until well combined, then set aside.

Prepare the herbed Dungeness crab: In a bowl combine the crab, parsley, thyme, tarragon and aioli. Season with salt and mix until well combined.

To serve, divide the chilled soup evenly among 4 to 6 individual serving bowls. Add 1 heaping tablespoon of the herbed Dungeness crab mixture to the center of each bowl of soup. Serves 4 to 6

In una terrina, mettete insieme i promodori, lo scalogno, il peperone, il cetriolo, il cilantro e il sedano, condite con l'aceto balsamico e mettete nel frigorifero per almeno un'ora.

Frullate le verdure macerate aggiungendo il succo di pomodoro, l'olio, sale e pepe finchè non diventi un impasto omogeneo. Mettete nel frigorifero fino al momento di servire.

Per preparare la salsa alla mayonese con l'aglio:

In una terrina battete il tuorlo ed aggiungete l'aglio. Versate l'olio piano piano sempre mescolando. Aggiungete il succo di limone e condite con sale. Mettete da parte.

Per preparare il granchio: In una terrina riunite il granchio, il prezzemolo, il timo, il dragoncello e la maionese. Condite con sale e mescolate bene.

Versate la zuppa in 4 o 6 piatti fondi di portata. Aggiungete una cucchiaiata di granchio nel centro di ogni scodella e servite. Per 4/6 persone

Zuppa Fresca di Pomodori con Granchio

Mushroom-Dusted Prawns and Scallops

Blending these jewels from the sea with forest-dwelling mushrooms presents a quintessential Pacific Northwest dish. The Salty's chefs suggest serving this with mashed potatoes. Despite the multiple steps this is an easy dish to create.

Le gemme dal mare con i funghi del bosco danno vita a questo originalissimo piatto del Nord-Ovest del Pacifico. Gli chef del Ristorante Salty's suggeriscono di servirlo con purea di patate. Nonostante i numerosi passaggi, questo piatto è facile da realizzare.

For the mushroom dust:
2 ounces dried shiitake
  mushrooms*
⅛ teaspoon kosher salt
For the vinaigrette:
¼ cup white balsamic vinegar
½ shallot, chopped
1 sprig thyme
¾ cup extra-virgin olive oil
salt and freshly ground pepper
For the vegetables:
1 small eggplant, thinly sliced

2 small yellow squash, thinly
  sliced
kosher salt
2 tablespoons Parmigiano,
  shredded
For the scallops and prawns:
1 pound fresh prawns
1 pound fresh U10 scallops
1 tablespoon extra-virgin olive
  oil
4 cups mashed potatoes

Per la farina di funghi:
60 g di funghi secchi, shiitake*
1 pizzico di sale
Per la vinaigrette di aceto balsamico bianco:
6 cl di aceto balsamico bianco
½ scalogno spezzettato
1 ramoscello di timo 12 cucchiai di olio extravergine d'oliva
sale e pepe q.b.
Per le verdure:
1 melanzana tagliata a

pezzettoni
2 piccole zucchine tagliate a
  pezzettoni
sale
parmigiano-reggiano
Per i gamberi e le cappesante:
450 g di gamberi
450 g di cappesante
1 cucchiai di olio extravergine
  d'oliva
1 kg di purea di patate

Prepare the mushroom dust: In a food processor or spice grinder, combine the mushrooms and salt. Process until a fine dust forms, then set aside.

Prepare the vinaigrette: In a small bowl combine the vinegar, shallots and thyme and whisk until well combined. Add the olive oil and whisk until well combined. Season with salt and pepper and set aside.

Prepare the vegetables: Season the eggplant and squash, with salt and mix well, then set aside for 10 minutes. Sprinkle with Parmigiano and drizzle with the vinaigrette. Mix well, then set aside.

Prepare the scallops and prawns: Rinse and dry the scallops and prawns. Lightly dredge them in the mushroom dust until coated, shaking off any excess. In a skillet over medium-high heat, warm 2 teaspoons of the olive oil. Add the prawns and cook until pink. Remove from the heat and keep warm. Add the remaining olive oil to the skillet and cook the scallops until golden brown on both sides.

To serve, arrange 1 cup of the mashed potatoes in the center of each of 4 individual serving plates. Arrange 4 prawns and 4 scallops on top of the mashed potatoes. Spoon the eggplant and yellow squash onto the plate. Serve immediately. Serves 4

Per preparare la farina di funghi: Riunite i funghi secchi e il sale in un frullatore fino ad ottenere una farina.

In una terrina piccola riunite l'aceto balsamico bianco, lo scalogno, il timo ed amalgamate aggiungendo olio, sale e pepe.

Salate le melanzane e le zucchine e tenetele da parte per 10 minuti. Condite con la vinaigrette di aceto balsamico bianco e parmigiano.

Sciaquate ed asciugate le cappesante e i gamberi per poi passarli nella farina di funghi scrollando l'eccesso. In una padella riscaldate 2 cucchiaini di olio e rosolate prima i gamberi a fiamma medio-alta per 3 minuti. Togliete dalla fiamma e teneteli al caldo. Versate il rimanente olio e rosolate le cappesante fino a dorarle su entrambi i lati.

Per servire, mettete la purea di patate nel centro di ogni piatto e poggiatevi sopra 4 gamberi e 4 cappesante, delle melanzane e delle zucchine e servite imm-ediatamente. Per 4 persone

Gamberi Spolverati con Funghi e Cappesante

*Author's note:
The shiitake mushroom, also known as *lentinula edodes*, is native to Japan, but has grown in both Japan and China since prehistoric times, and noted during the Song Dynasty (960-1127 A.D.). A remedy for upper respiratory diseases, poor blood circulation, liver trouble, exhaustion and weakness, the mushroom is also believed to prevent premature aging. Shiitake mushrooms are a global industry, with local farms in most western countries, as well as large scale importation from China, Japan and elsewhere.

*Nota dell'autore:
Lo shiitake è conosciuto con il nome di "lentinula edodes", reperibile nei paesi asiatici (Cina, Corea, Giappone). Gli effetti e l'utilizzo dei funghi shiitake sono stati descritti per la prima volta durante il periodo della dinastia dei Song (960-1127). Un rimedio per le malattie respiratorie superiori, per la circolazione del sangue, per problemi di fegato, per l'esaurimento e per la debolezza. Inoltre è eccellente contro l'invecchiamento. Lo shiitake ha di per sè una consistenza maggiore dei nostri funghi molto simile agli champignons. Sono molti i negozi multietnici in Italia dove è possibile trovarli. E' possibile trovarli infatti al Vivi Market di Firenze, (a due passi dalla stazione) un negozietto dove si trovano ingredienti da diverse parti del mondo, dal Centro e Sud America, dall'Asia al Medio Oriente.

Salmon with Fresh Cherries

Showcasing salmon with cherries is a Northwest classic. Using fresh ingredients makes preparation a breeze.

Mettere in vetrina il Salmone alle Ciliegie è un classico di Seattle. Usando ingredienti freschi la preparazione diventa una gioia.

For the cherry compote:
1 cup red wine
1 cup red wine vinegar
⅛ teaspoon cinnamon
1 whole clove
⅛ teaspoon allspice
⅛ teaspoon nutmeg
3 tablespoons sugar
½ shallot, minced

1 pound fresh cherries, pitted and halved
2 tablespoons cornstarch
For the salmon:
4 salmon fillets, about 8 ounces each
2 tablespoons canola oil
salt and freshly ground pepper
parsley for garnish

Per la salsa di ciliegie:
2,5 dl di vino rosso
2,5 dl di aceto di vino rosso
1 pizzico di cannella
1 chiodo di garofano
1 pizzico di peperoncino
1 pizzico di noce moscata
3 cucchiai di zucchero
1 scalogno piccolo, ben tritato

500 gr di ciliegie, senza nocciolo e tagliate a metà
2 cucchiai di maizena
Per il salmone:
4 filetti di salmone, di circa 250 g ognuno
2 cucchiai di olio di oliva
sale e pepe q.b.
prezzemolo per guarnire

Prepare the cherry compote: In a saucepan over medium heat combine the wine, vinegar, cinnamon, cloves, allspice, nutmeg, sugar and shallots. Cook for 5 minutes, stirring occasionally.

Add the cherries and cook for 5 more minutes. In a separate bowl combine the cornstarch with 3 tablespoons of water and whisk until smooth.

Prepare the salmon: Preheat the oven to 350°. Rub the salmon fillets with canola oil and season with salt and pepper. In an oven-safe skillet over medium heat, sear the salmon for 2 minutes on each side. Transfer the skillet to the oven to bake for 5 minutes. Remove from the oven.

Meanwhile, pour the cornstarch mixture in a slow steady stream into the cherry mixture and cook on low heat for 5 minutes. Remove from the heat.

To serve, divide the salmon fillets evenly among 4 individual serving plates. Serve accompanied by the cherry compote. Garnish with parsley. Serves 4

Per preparare la salsa di ciliegie: In un tegame unite ill vino, l'aceto, la cannella, i chiodi di garofano, il peperoncino, la noce moscata, lo zucchero, lo scalogno e fate cuocere a fuoco medio per 5 minuti. Aggiungete le ciliegie e cuocete per altri 5 minuti. In una terrina amalgamate la farina di maizena con 3 cucchiai di acqua e mescolate fino ad ottenere un composto omogeneo. Versate lentamente il composto di maizena nella salsa di ciliegie e continuate ancora a cuocere a fuoco basso per 5 minuti.

Per preparare il salmone: Preriscaldate il forno a 180°. Ungete i filetti con l'olio di oliva e conditeli con sale e pepe. In una padella, rosolate il salmone 2 minuti per ogni lato. Trasferite i filetti di salmone in una pirofila e cuoceteli in forno per 5 minuti.

Per servire: Dividete i filetti di salmone in quattro differenti piatti di portata e distribuite sopra la salsa di ciliegie. Guarnite con un ciuffo di prezzemolo. Per 4 persone

Salmone con Ciliegie Fresche

Oregon Hazelnut-Crusted Halibut

For the hazelnut crust:
½ cup hazelnuts, chopped
¼ cup panko bread crumbs
¼ teaspoon garlic powder
¼ teaspoon onion flakes
⅛ teaspoon cayenne pepper

For the halibut:
4 halibut fillets, about 7 ounces each
salt and freshly ground pepper
1 tablespoon extra-virgin olive oil
4 tablespoons herbed chèvre, divided

For the Pinot Noir reduction:
½ bottle Pinot Noir
2 tablespoons sugar

Prepare the hazelnut crust: In a food processor, combine all the ingredients and process for 25 seconds. Set aside.

Prepare the halibut: Preheat the oven to 400°. Rub the halibut fillets with olive oil, salt and pepper. Top the halibut with 1 cup of the hazelnut crust and place in an oven safe pan. Transfer the pan to the oven to bake for 15 minutes, or until the fillets are golden brown.

Meanwhile, prepare the Pinot Noir reduction. In a saucepan over medium heat, bring the Pinot Noir to a boil and cook until it reduces by ⅔. Add the sugar and whisk until well combined. Remove from heat and set aside.

To serve, arrange 1 halibut fillet onto each of 4 individual serving plates. If desired, top each fillet with 1 tablespoon of the herbed chèvre then, using a spoon, drizzle the wine reduction sauce over the halibut. Serves 4

Per la copertura alla nocciola:
125 g nocciole
70 g di pane grattugiato
un piccolo aglio tagliato minutamente
metà di piccolo scalogno
peperoncino rosso quanto piace

Per la coda di rospo:
4 filetti di Coda di Rospo, circa 200 g ognuno
sale e pepe fresco
olio extra vergine di oliva
80 g di caprino alle erbe

Per la riduzione di Pino Nero:
Mezza Bottiglia di Pinot Nero
120 g di zucchero

Preparare la copertura alla nocciola: frullare tutti gli ingredienti per 25 secondi e mettere da parte.

Preparare la Coda di Rospo: preriscaldare il forno a 200 gradi. strofinare i filetti di Coda di Rospo con olio d'oliva, sale e pepe e ricopriteli con il composto preparato per la copertura in una pentola da forno. Trasferire la pentola nel forno a cuocere per 15 minuti, o fino a quando i filetti sono dorati.

Nel frattempo, preparare la riduzione Pinot Nero:
In una casseruola su fuoco medio, portare il Pinot Nero ad ebollizione e cuocere fino a quando si riduce di 2/3. Aggiungete lo zucchero e continuate fino ad ottenere una crema. Togliere dal fuoco e mettere da parte.

Per servire, porre un filetto di Coda di Rospo in ciascuno dei 4 piatti e ricoprirlo con una parte del caprino alle erbe e condire il tutto con un abbondante cucchiaio di vino prima ridotto. Per 4 persone

*Nota dell'autore:
In Italia possiamo gustare questa ricetta tipica di Seattle usando la Rana Pescatrice chiamata anche Coda di Rospo

Coda di Rospo ricoperta di Nocciole

Northwest Seafood Stew

This chill chaser is the showcase of Northwest tables during the rainy months.

Questa zuppa è ideale per la stagione invernale.

For the seafood stew base:
- 1 tablespoon extra-virgin olive oil
- ½ medium onion, sliced
- 2 stalks celery, chopped
- ½ fennel bulb, sliced
- ½ red pepper, seeds and inner white ribbing removed, sliced
- ½ yellow pepper, seeds and inner white ribbing removed, sliced
- ½ poblano chili pepper, sliced
- 2 tablespoons tomato paste
- 1 tablespoon garlic, minced
- 2 teaspoons dried thyme
- 1 teaspoon celery seeds
- 1 teaspoon chili flakes
- 2 cups clam juice
- 6 cups water
- 1 tablespoon kosher salt
- ½ teaspoon fennel seeds
- 1½ cups white wine
- 1 32-ounce can Italian plum tomatoes, chopped

For the stew:
- ¼ cup extra-virgin olive oil
- 1 pound clams
- 1 pound mussels
- ½ pound scallops
- 12 prawns
- ½ pound mixed fish (2 to 3 types of fin fish pieces)
- 1 clove garlic, minced
- ¼ shallot, minced
- 2 cups white wine
- ½ pound crab meat
- 4 steamed potatoes, quartered
- 2 ears fresh corn or 1 8-ounce package frozen corn
- seafood stew base

Per la base della zuppa:
- 1 cucchiaio di olio extravergine d'oliva
- ½ cipolla tritata
- 2 gambi di sedano spezzettato
- ½ finocchio tritato
- ½ peperone rosso tritato
- ½ peperone giallo tritato
- ½ peperoncino forte tritato
- 2 cucchiai di concentrato di pomodoro
- 1 cucchiai di aglio ben tritato
- 2 cucchiaini di timo secco
- 1 cucchiaino di semi di sedano
- 1 cucchiaino di peperoncino rosso sbriciolato
- 14 dl d'acqua
- 1 cucchiaio di sale grosso
- ½ cucchiaino di semi di finocchio
- 4 dl di vino bianco
- 1 chilo di pomodori san marzano tagliati

Per lo spezzatino:
- 6 dl di olio extravergine d'oliva
- 500 g di vongole
- 500 g di cozze
- 250 g di cappesante
- 12 gamberi
- 250 gr di pesce misto a pezzi
- 2 spicchi di aglio
- mezzo scalogno ben tritato
- 5 dl di vino bianco
- 250 g di polpa di granchio
- 4 patate tagliate in quattro, cotte a vapore
- 2 pannocchie o 250 g di mais in scatola
- base per la zuppa di pesce

Prepare the seafood stew base: In a large saucepan over medium heat, warm the oil. Add the vegetables and sauté until soft. Add the tomato paste and garlic and cook for 5 minutes. Add all remaining ingredients and let simmer for 30 minutes. Remove from heat.

In a large soup pot over medium-high heat, warm the olive oil. Add the clams, mussels, scallops, fish and prawns and sauté for 4 minutes. Add the garlic and shallots and cook for 2 minutes. Deglaze with the white wine and add the crab, potatoes, corn and 8 cups of the seafood stew base. Cover and cook for 20 minutes. Season with salt and pepper and serve hot. Serves 6 to 8

Per preparare la base della zuppa: In una casseruola riscaldate l'olio. Aggiungete le verdure e saltatele a fuoco medio fino ad ammorbidirle. Aggiungete il concentrato di pomodoro, l'aglio e cuocete per 5 minuti. Aggiungete tutti gli altri ingredienti e lasciate bollire per 30 minuti. Togliete dal fuoco.

In un tegame riscaldate l'olio. Aggiungete le vongole, le cozze, le cappesante, il pesce, e i gamberi e cuocete per 4 minuti. Aggiungete l'aglio e lo scalogno e cuocete per 2 minuti. Versate il vino bianco e fatelo evaporare per poi aggiungere il granchio, le patate, il mais e il brodo di pesce. Coprite e cuocete per 20 minuti. Condite con sale e pepe e servitelo immediatamente. Per 6/8 persone

Strawberries with Balsamic and Black Pepper

An elegant presentation of fresh ingredients that takes no time at all. This dish has a kick. Salty's chefs recommend serving it with a simple cookie, like a Pistachio Sandi.*

2 pints fresh strawberries, cleaned and hulled
¼ cup balsamic vinegar
⅛ teaspoon freshly ground black pepper

In a bowl, combine the strawberries, balsamic vinegar and black pepper. Refrigerate until ready to use.

To serve, divide the strawberries evenly among 4 individual serving bowls. Garnish with a cookie and a dollop of crème frâiche. Serves 4

Pistachio Sandi Cookies

1 cup unsalted butter, room temperature
½ cup confectioners' sugar
2 cups flour
1 cup pistachios, chopped

Preheat the oven to 350°. In a medium bowl, combine the butter and confectioners' sugar and mix until creamy. Add the flour and mix until well combined. Add the pistachios and mix until well combined.

Roll the dough into 1-inch balls and arrange on a baking sheet. Transfer to the oven to bake for 10 minutes. Remove from the oven and set aside to cool. Makes 2 dozen cookies

*Author's Note:
Pistachio Sandi is a typical cookie of Salty's Restaurant in Seattle. It makes me fondly remember the "gold of Bronte," pistachios from the city of the same name, which is close to Catania and dominated by Mt. Etna, where they are produced. Their cookies not only have an incredible taste, but they also have a kick!

Una elegante e veloce presentazione di ingredienti freschi. Questo dolce suscita emozioni e gli chef del Ristorante Salty's raccomandano di servirlo con un biscotto, come il Pistachio alla Sandi.*

1 kg di fragole, pulite e mondate
4 cucchiai di aceto balsamico
1 pizzico di pepe nero macinato fresco

In una terrina riunite le fragole, l'aceto balsamico e il pepe nero mescolando bene. Metteteli in frigorifero fino al momento dell'uso.

Per servire, dividete le fragole fra 4 scodelle. Guarnitele con un biscotto e un po' di panna montata. Per 4 persone

Biscotti al Pistacchio alla Sandi

250 g di burro a temperatura ambiente
100 g di zucchero a velo
500 g di farina
125 g di pistacchi tagliati

Riscaldate il forno a 180°. Riunite in una terrina il burro e lo zucchero a velo. Aggiungete la farina e mescolate bene. Aggiungete i pistacchi e amalgamate il tutto.

Fate delle piccole palline e stendetele su una lastra e cuocete per 10 minuti. Lasciate riposare. Guarnite con lo zucchero. Per fare 24 biscotti

*Nota dell'autore:
Pistachio Sandi è un biscotto tipico del Ristorante Salty's di Seattle. Mi piace qui ricordare l'"oro di Bronte" dal nome di una cittadina vicino a Catania e dominata dall'Etna, dove si produce il pistacchio. I biscotti hanno un gusto indescrivibile ma carico di emozioni!

Fragole con Aceto Balsamico e Pepe Nero

Sally's White Chocolate Mousse Cake

Torta di Mousse di Cioccolata Bianca al Sally's

Salty's White Chocolate Mousse Cake

A magnificent cake that is a local favorite for birthdays and weddings. Salty's chefs say that even those who don't like cake have been known to become infatuated.

For the cake:

1 cup unsalted butter, room temperature, cut into 8 pieces, plus extra

3 cups cake flour, plus extra for dusting

1 tablespoon baking powder

1/4 teaspoon kosher salt

2 cups granulated sugar

1 teaspoon pure vanilla extract

1 cup whole milk

8 large egg whites, room temperature

1/8 teaspoon cream of tartar

For the white chocolate mousse:

3 tablespoons red currant jelly, whisked

12 ounces white chocolate, coarsely chopped, plus 1 pound, shaved into curls

4 cups heavy cream, chilled

Prepare the cake: Preheat the oven to 350°. Lightly brush 3 9-inch round cake pans with butter and set aside. Line the bottom of each pan with parchment paper and brush the paper with butter as well. Dust the bottom and sides of the pans with flour and set aside. Sift together the flour, baking powder and salt. Set aside. In a large bowl, using an electric mixer, combine the butter and sugar and beat at low speed until just combined, then increase the speed to medium and beat until pale and creamy. Add the vanilla, then add the flour mixture alternating with the milk and beat until well combined.

In a separate bowl, using clean beaters, whisk the egg whites with the cream of tartar at medium-high speed until they hold soft peaks.

Using a rubber spatula, gently fold 1/3 of the egg whites into the cake batter until well combined. Gently fold the remaining egg whites into the batter until just combined.

Divide the batter evenly among the 3 prepared pans and transfer to the oven to bake for 25 to 30 minutes, or until a wooden toothpick inserted in the center comes out clean.

Prepare the white chocolate mousse: Preheat a double boiler. Add the chopped white chocolate and heat, stirring, until almost completely melted. Remove the pan from the stove, then stir until it melts completely. Cool to room temperature.

In a large bowl, using an electric mixer, whisk the heavy cream until stiff peaks form. Working quickly, gently fold the cooled melted chocolate into the whipped cream until just combined. Set aside in a cool place, until ready to frost the cake.

To prepare the topping use a potato peeler to shave the white chocolate curls. Set aside.

Remove the cakes from the oven and transfer to wire racks to cool in their pans for 20 minutes. Carefully turn the cakes out onto the racks to cool completely.

Remove the parchment paper. With a serrated knife, cut off the top brown part on each cake layer, making sure the layers are flat and even. Remove any crumbs that stick to the cake.

To assemble the cake, arrange the first cake layer on a cake plate. Using a clean pastry brush, brush it with a thin layer of red currant jelly, covering the top only. Working quickly, top the jelly layer with 1/3 of the mousse (avoiding the sides), and then repeat with the next layer, omitting the jelly. Frost the cake with the remaining mousse, covering both top and sides. Press the white chocolate shavings into the mousse until the entire cake is evenly covered. Refrigerate the cake for at least 1 hour before serving to allow the mousse to set. Serves 8 to 12

Torta di Mousse di Cioccolata Bianca al Salty's

Una torta fantastica apprezzata per compleanni e matrimoni. Gli chef del ristorante Salty's dicono che anche i non amanti dei dolci rimarranno piacevolmente sorpresi da questa creazione.

Per la torta:
750 g di farina per dolci
1 cucchiaio di lievito
1 pizzico di sale
225 g di burro a temperatura ambiente
400 g di zucchero
1 cucchiaino di vaniglia
2,5 dl di latte
8 uova a temperatura ambiente

1 pizzico di cromotartaro
50 g di gelatina di ribes

Per la mousse di cioccolata bianca:
340 g di cioccolato bianco tagliato grossolanamente
500 g di cioccolato bianco grattugiato a riccioli
1 kg di panna fredda

Riscaldate il forno a 180°. Imburrate 3 teglie per dolci di 22 cm di diametro e foderatele con carta da forno imburrata ed infarinata e mettetela da parte.

Passate al setaccio la farina, il lievito ed il sale e mettete da parte.

In una terrina grande mescolate con un frullatore il burro e lo zucchero a velocità minima, aumentate la velocità fino a quando l'impasto diventa omogeneo e cremoso. Aggiungete la vaniglia e poi, alternandoli, il misto di farina ed il latte continuando a mescolare fino a quando la crema diventa omogenea.

Incorporate quindi con una spatola di legno ⅓ degli albumi nella crema e ripetete la stessa azione incorporando il resto degli albumi sempre lentamente dal basso verso l'alto fino a quando tutto il composto diventa completamente omogeneo.

Versate il composto nelle tre teglie prima preparate ed infornate per 25-30 minuti, fino a quando lo stuzzicadenti esce asciutto.

Togliete le torte dal forno e lasciatele riposare per 20 minuti. Togliete quindi con cura le torte dalle teglie e fatele raffreddare completamente rimuovendo la carta da forno. Con una lama seghettata, tagliare la parte marrone superiore su ogni lato delle torte lasciandole perfettamente lisce e senza briciole.

In un'altra terrina, montate a neve gli albumi con il cromotartaro a media-alta velocità.

Per preparare la mousse fondete i 350 gr di cioccolato bianco a bagnomaria. Togliere dal fuoco e lasciare a temperatura ambiente. In una terrina grande montate a neve con un frullatore la panna. Incorporate con una spatola di legno il cioccolato (prima fuso a bagnomaria) nella panna montata e ponete il tutto in frigo.

Per preparare la copertura usare uno sbucciatore per patate per ottenere riccioli dai 500 gr di cioccolato bianco e mettete in frigo.

Per comporre il dolce, mettete una torta su un vassoio da portata e con un pennello per dolci, distribute uno strato sottile di gelatina di ribes rosso. Versateci sopra ⅓ della mousse e dopo un altro strato di torta.

Ripetete ancora 2 volte l'operazione lasciando sull'ultimo piano la mousse. Glassate la torta con il resto della mousse anche sui lati. Ricoprite la torta con la cioccolata grattata a riccioli e mettetela per almeno 1 ora in frigorifero prima di servirla per permettere alla mousse di solidificarsi. Per 8/12 persone

Northwest Fresh Fruit Tart

Summer celebrations in the Northwest always end with fresh seasonal fruit. This tart pairs peaches, blueberries and raspberries with Italian-style pastry cream.

Le celebrazioni estive nel nord-ovest finiscono sempre con la frutta stagionale. Questa crostata ha come protagonisti le pesche, i mirtilli e i lamponi e li accompagnati da crema dolce italiana.

For the dough:
10 tablespoons butter
¾ cup confectioners' sugar
¼ teaspoon vanilla
1 egg, beaten
¼ cup ground almonds
2¼ cups flour
¼ teaspoon salt

For the pastry cream:
2 cups milk
4 egg yolks

¾ cup sugar
3 tablespoons cornstarch
2 teaspoons vanilla

For the topping:
1 pint blueberries
1 pint raspberries
2 to 3 fresh Yakima peaches, peeled and thinly sliced
¼ cup apricot jelly
1 tablespoon rum

Per la pasta:
140 g di burro
90 g di zucchero a velo
¼ cucchiaino di vaniglia
1 uovo sbattuto
24 g di mandorle macinate
280 g di farina
¼ cucchiaino di sale

Per la crema:
47 cl di latte
4 tuorli d'uovo

85 g di zucchero
3 cucchiai di farina di grano
2 cucchiaini di vaniglia

Per la glassa:
400 g di mirtilli
400 g di lamponi
2-3 pesche pelate e tagliate sottilmente
80 g di marmellata di albicoccia
1 cucchiaio di rum

Preheat the oven to 325°. Prepare the dough: Using an electric mixer, whisk together the butter and sugar until pale and fluffy. Add the egg, vanilla and ground almonds and mix until well combined. Slowly add the dry ingredients and mix until a dough forms.

Remove the dough from the bowl, wrap in plastic and transfer to the refrigerator to chill for 1 hour. On a lightly floured surface, use a rolling pin to roll out the dough into a 12-inch circle. Transfer the dough to a 10-inch tart pan, then transfer to the oven to bake for 25 minutes, or until the edges are golden brown. Remove from the oven and set aside on a wire rack to cool.

Prepare the pastry cream: In a medium saucepan over medium-high heat, bring the milk to a boil. Immediately remove from the heat and add ⅓ cup sugar. Stir well to combine. In a small bowl combine the remaining sugar and cornstarch and mix well. Add the egg yolks to the sugar cornstarch mixture and whisk until smooth. Temper the egg mixture by adding ⅓ of the hot milk mixture, while whisking continuously. Combine all the ingredients in the saucepan, return to heat and whisk until thick. Add vanilla. Pour mixture into a shallow pan to cool. Cover with plastic wrap so that the plastic is touching the entire surface of the pastry cream. Transfer to the refrigerator to chill for 15 minutes.

Preriscaldate il forno a 165°. Preparare la pasta: Riunite in una terrina con un frullatore il burro e lo zucchero e sbatteteli fino a renderli leggero. Aggiungete e mescolate le uova, la vaniglia e le mandorle. Aggiungete lentamente tutti gli ingredienti secchi e mescolate fino alla formazione di una pasta. Togliete la pasta dalla terrina, copritela con uno strato di pellicola mettetela in frigorifero per 1 ora. Tirate l'impasto per un diametro di 30 cm e ponetelo in una teglia per dolci di 25 cm. Mettetela nel forno per 25 minuti o fino a quando il bordo è rosolato. Togliete la torta dal forno e lasciatela riposare.

Preparate la crema: In una pentola a fuoco medio-alto, fate bollire il latte. Togliete dalla fiamma e aggiungete 40 g di zucchero mescolando bene. Riunite in una terrina piccola il resto dello zucchero e la farino di grano. Aggiungete i tuorli e lo zucchero e sbatteteli fino a renderli omogene. Aggiungete ⅓ della miscela delle uova con il latta caldo, sbattete bene, poi aggiungete il resto. Riunite tutti gli ingredienti nella pentola. Mettete sul fuoco e mescolate fino a renderla a densa. Aggiungete la vaniglia e versate la miscela in una pentola bassa per rinfrescare. Copritela con pellicola in modo che si appoggi sulla crema e mettete in frigorifero per 15 minuti.

Per comporre la crostata, mettete la crema nella pasta

To assemble the tart, spoon the pastry cream into the baked tart shell. Arrange the sliced peaches around the outer edge of tart. Arrange the fresh berries with other seasonal fruits in a decorative fashion.

In a small saucepan over medium heat, combine the apricot jelly and rum. Heat until just boiling. Using a pastry brush, carefully brush the tart with the hot mixture to glaze. Serves 8

cotta. Decorate la circonferenza della crostata con i pezzi di pesche e il resto della crostata con gli altri frutti.

Riscaldate in una pentola la marmellata e il rum fino a bollire. Con un pennello, spazzolate la crostata con la glassa e servite immediatamente. Per 8 persone

Ingredients

Good Ingredients

While visiting our friend Roberto at his agriturismo farm in Italy, we eagerly accompanied him on a journey through his fields and to the colorful local markets gathering ingredients that would later become our dinner This outing reminded us of the constant effort we put into selecting the highest quality local ingredients for our Salty's Restaurants. Our chefs work with our suppliers to ensure that only the best products arrive at our kitchen door. This lust for culinary excellence is accompanied by a deep appreciation of our field-fresh and perfect regional ingredients.

The Northwest's vast waters and agricultural areas are legendary for their distinctive seafood, wines, fruits, vegetables, meats and dairy products that create what is well known as the Pacific Northwest regional art of cuisine. This celebration of our local bounty combined with the time-honored tradition of seeking the highest quality ingredients simply brings the best to our tables.

The Northwest is surrounded by cold salt water that holds a treasure trove of wild fish and seafood. Seeking out the bounty of local and global waters for plate perfection is our specialty at Salty's. Pairing fresh fish from both nearby and distant waters with Northwest produce and beautiful Washington and Oregon wines delivers a sensational result. Although these ingredients lend themselves to many different preparation styles, we have presented them in this cookbook with Italian inspiration and flare. The show-stopping results are directly linked to the loving care in selection, preparation and creation of these recipes.

–Kathryn Kingen

Buoni ingredienti

Quando eravamo in visita a Parco Fiorito, siamo andati con Roberto a raccogliere frutta e verdura nella sua proprietà e al mercato per preparare la cena. Questa visita ci ricorda la nostra fatica costante di scegliere gli ingredienti locali più freschi per i nostri ristoranti Salty's. I nostri chef lavorano con i fornitori per assicurare che solo i migliori prodotti arrivino nella nostra cucina. Per raggiungere un'eccellenza culinaria, bisogna essere in grado di trovare e utilizzare prodotti freschi e perfetti.

Le grandi distese d'acqua e di terra del nord-ovest sono famose per il pesce, il vino, la frutta, la verdura, la carne, il formaggio. Tutti questi ingredienti compongono l'arte culinaria del Nord-Ovest del Pacifico. L'esaltazione della nostra abbondanza combinata con l'antica tradizione di cercare gli ingredienti d'alta qualità portano sulle nostre tavole i piatti migliori.

Il Nord-ovest è circondato da fredde acque salate che assicurano pesci e frutti di mare selvatici. La specialità di Salty's per raggiungere la perfezione nei piatti è ricercare scrupolosamente nei fondali marini il miglior pesce del mondo. L'abbinamento di freschi prodotti del mare con gli speciali prodotti delle regioni circostanti garantisce risultati miracolosi. Nonostante questi ingredienti si prestino a tante trasformazioni, li abbiamo presentati in questo libro di cucina con un tocco italiano. Le ricette sono il risultato ovvio della cura messa nella preparazione di questi piatti.

–Kathryn Kingen

Ingredienti 181

Salmon

Salmon is the most important catch our Pacific Northwest waters hold. For centuries, wild Pacific salmon has been an integral part of coastal culture. Fishermen have been known to kiss the first salmon caught for the season and then return it, respectfully, to the sea.

Wild salmon is a truly great regional food with several local varieties, each offering up a different color, flavor and texture. The three most prized varieties are the King, Silver and Sockeye salmon.

King (Chinook) is the largest variety of salmon. It yields thick fillets that are very rich in flavor and high in fat with a tender, flakey texture. King salmon is off white to pinkish red in color.

Coho (Silver) is a leaner and smaller fish. The flesh is pinkish orange in color, with a firmer texture. It is not as fatty as Sockeye or King.

Sockeye (Red) is a highly prized species with a distinctive intense red color and a rich flavor. It is higher in fat with a slightly firmer texture than King.

In addition to the species differences of salmon, the variables of each river habitat, such as length of the river, water temperature and feeding opportunities, all help to develop different physical characteristics, which create wonderful differences in salmon flavor.

These Northwest treasures are easy to prepare, best embellished with local vegetables and fruits. Grilling, broiling and smoking are favorite styles of cooking salmon, but other simple preparations include simply sautéing or baking the salmon with local berries, cherries, vegetables or even chanterelle mushrooms. A very old method of cooking is plank roasting in the Native American tradition, baking the fish on a water-soaked board of fragrant cedar or alder wood.

In addition to salmon, the Pacific Northwest waters offer a myriad of other delicious seafood. Dungeness crab, deep water halibut, prawns, scallops, mussels, oysters and clams are all harvested from our beaches. They are seasonal and each is awaited with great anticipation.

Il salmone è il pesce più importante nel nord-ovest dell'oceano pacifico. Per secoli il salmone selvatico del pacifico è stato una parte integrante della cultura costiera. I pescatori sono famosi per la loro tradizione di baciare il primo salmone della stagione che pescano per poi gettarlo al mare.

Il salmone selvatico è un cibo veramente spettacolare, e propone tante varietà locali. Ognuno ha qualcosa di diverso come il colore degli occhi, gusto e consistenza. Le varietà di alta qualità sono il salmone Re, il salmone Argento e salmone Rosso.

Il salmone Re (o Chinook) è considerato la varietà più pregiata. Ha i filetti grossi che hanno un gusto forte e una consistenza burrosa dovuta alla percentuale di grasso. Il salmone Re ha una colorazione che varia dal bianco al rosato con una consistenza morbida e friabile.

Coho (o Argento) è più magro e più piccolo. La carne è rosata, con una consistenza più rigida. Non è tanto grasso quanto il Rosso o il Re.

Il Rosso (o Sockeye) ha un colore intenso rosso ed un gusto ricco. È molto grasso e ha una consistenza più rigida.

Le specie hanno diverse varietà, dovute a diversi habitat, come ad esempio la lunghezza del fiume, la temperatura dell'acqua e gli elementi nutrienti che vi si trovano. Tutto ciò porta anche a caratteristiche fisiche e diversità nel gusto del salmone.

Questi tesori del nord-ovest sono facili da preparare e migliorano con le verdure e la frutta locale. Grigliare, cuocere allo spiedo e affumicare sono i metodi preferiti per cuocere il salmone. Ma ci sono anche preparazioni più semplici come saltare in padella o cuocere in forno con bacche, ciliegie, verdure e funghi locali ad esempio. Un metodo tradizionale degli indiani d'america per cuocere il salmone è arrostirlo su un pezzo di cedro bagnato.

Oltre al salmone, le acque del nord-ovest del pacifico offrono una miriade d'altri tipi di pesci e frutti di mare. Il granchio Dungeness, l'ippoglosso, i grandi gamberi, le cozze, le ostriche e le vongole arrivano sulle spiagge o nei mercati locali. Tutti sono regionali e stagionali ed ognuno è atteso con grande aspettativa.

Il Salmone

Fruits and Vegetables

Both Washington and Oregon are major producers of a variety of beautiful fruits, but the most prevalent is the apple. Washington ranks first among American states in apple production, accounting for 50 percent of the American supply. Like salmon, apples come in many varieties in the Northwest. Besides the most popular Red Delicious, there are now hundreds of varieties grown here by local family farmers including Granny Smith, Gala, Cameo, McIntosh, Chehalis and Pink Lady.

Strawberries, pears and stone fruits like peaches, apricots and cherries are also quite abundant. When fresh, these meaty fruits are crafted into pies, cakes and desserts, and are also fashioned into fruit preserves, jellies and reductions of all kinds to enjoy later. The fruits also find their way alongside main course fish and meats, with cherries meeting salmon, apricots with pork chops and apples crowning salads, or any combination you can think of.

A crowning glory to any food from appetizers to entrées to desserts, might be an Oregon native, the hazelnut. Also known as filberts, these Northwest icons are a local treasure.

The Northwest's damp forests make an ideal environment for wild mushrooms. Morels, chanterelles, matsutakes, boletus and hedgehog mushrooms spring from the forest floor offering distinctive flavors for our culinary delight.

Walla Walla, an inland area in Washington State known for its wine production, is also known for its sweet onions which are descendents of Italian onion varieties brought to the region during the 19th century. Asparagus is another crop grown in the inland areas, which are significantly dryer than the coastal regions. Warm days and cool nights create the brilliant green stalks of Washington asparagus, which are a real favorite when they shoot up fresh in the spring.

Washington e Oregon sono produttori importanti di una varietà estesa di frutta, ma tra tutte prevale la mela. Lo Stato di Washington produce è il primo produttore di mele, con il 50% della produzione nazionale. Come succede per il salmone, nel nord-ovest si trovano mele di molte qualità. La più popolare è la Red Delicious, ma ce ne sono a centinaia anche di varietà coltivate dai contadini locali come Granny Smith, Gala, Cameo, McIntosh, Chehalis and Pink Lady.

C'è anche un'abbondanza di fragole, pere, pesche, albicocche e ciliegi. Quando sono freschi, questi frutti sono usati per le torte, le crostate ed i dolci; o in caso contrario vengono destinati alle marmellate o a salse. Questi frutti sono buoni anche come contorni con il pesce e la carne come le ciliegie e il salmone, le albicocche e il maiale, le mele con le insalate e tante altre combinazioni.

Il coronamento di ogni ricetta è la noce moscata dell'Oregon. Si chiama anche fillbert. Tutto ciò rappresenta le icone del nord-ovest.

I boschi umidi nel nord-ovest creano un ambiente ideale per i funghi selvatici. Spugnoli, cantarelli, matsutakes, boletus e hedgehog crescono nel sottobosco offrendo gusti caratteristici per la nostra gioia culinaria.

Walla Walla, una parte interna di Washington conosciuta per la produzione di vino, è famosa per le cipolle dolci che fanno parte della famiglia di cipolle italiane importate in questa regione nel diciannovesimo secolo. L'asparago è coltivato principalmente nelle parti interne della costa. I gambi verdissimi degli asparagi sono consumati in primavera.

La Frutta e Le Verdure

Wine of the Northwest

The quality of the fruit from Washington and Oregon vineyards attracts winemakers from all over the world, like bees to honey. These are exciting times! Winemakers from France, Italy, Australia, New Zealand and Argentina buy local vineyards and sign up for a chance to put their signature on wine grown in the Pacific Northwest. I am an enthusiastic disciple because my search for outstanding wine so often leads me back to the region where I was born, the Pacific Northwest.

It is the synergy between Oregon and Washington wine styles that allows the total region to produce a vast palate of flavors to pair perfectly with any food. Rather than compete, vineyards on both sides of the state borders complement each other. In Oregon the wine grapes are grown in the western "wet" side of the state. In Washington the vast majority of wine grapes come from the eastern "dry" side. The climate and the wines are as different as coffee and tea. Oregon produces phenomenal Pinot Noir and Pinot Gris offering ripe fruit that is bolstered with firm acid. Washington is so new at the winemaking game that there is no clear varietal serving as the flagship. However a case for excellence can be made for Cabernet, Merlot and Syrah varietals with many more possibilities waiting in the wings as vineyard managers plant vines of Malbec, Cabernet Franc, Riesling and Viognier.

This breadth of Northwest wines gives the diner a wide range of choices for each and every meal. When it comes to pairing wine and food, oenophiles and gourmands search for similarities as well as contrasts in flavors and in textures. As a sommelier, my challenge is to find the singular wine to pair with a dish that could serve as an escort, or better yet as tour guide, for your exploration into the essence of each recipe. Great combinations are about synergy where the food does not dominate the wine, nor does the wine overpower the food. Washington and Oregon wines at their best have a balance of acid, tannins and fruit that qualify them as excellent food-pairing wines.

La qualità delle uve di Washington e dell'Oregon attrae viticoltori da tutte le parti del mondo. Questi sono tempi emozionanti! I viticoltori francesi, italiani, australiani, neozelandesi e argentini comprano le vigne locali e si candidano come fautori della crescita dei vigneti nella zona del nord-ovest pacifico. Personalmente sono un entusiasta perché queste ricerche mi portano a conoscere meglio la mia regione natale del nord-ovest pacifico.

È la sinergia tra gli stili di vino che provengono da Washington e Oregon che permettono alla regione di produrre diversi aromi che si adattano perfettamente a qualsiasi tipo di cibo. Le vigne dei due stati invece di competere, si complementano. In Oregon l'uva cresce nella zona umida a ovest dello stato. A Washington la maggioranza dell'uva viene dalla zona secca dell'est. L'Oregon produce Pinot Nero e Pinot Grigio eccellenti con uva matura esaltata dall'acidità del frutto. Washington è nuova come produttrice di vini, e non ha ancora un prodotto che possa contraddistinguerla. Si può dire comunque che Washington produce buoni Cabernet, Merlot e Syrah, e produrrà anche Malbec, Carnet Franc, Riesling e Viognier.

Questa ampia scelta di vini dal nord-ovest permette alle persone di scegliere il vino giusto ad ogni pasto. I golosi, quanto gli enologi, quando abbinano vino e cibo cercano di individuarne gli elementi complementari. Come sommelier, la mia sfida è quella di trovare un vino che accompagni una pietanza che e vi faccia esplorare ogni ricetta come fosse un viaggio. La sintesi migliore è quella dove il cibo non domina il vino e vice versa. I vini di Washington e dell'Oregon hanno un gusto equilibrato di acidi e frutta che li qualifica come vini ideali per tutte le pietanze.

Il Vino del Nord-ovest

Wine of the Northwest

Now for some advice on selecting your wines:

Meals are both an occasion and an experiment. Feel free to discover your own truth about food and wine pairing.

• When your recipe includes wine as an ingredient it is recommended to serve that same wine with that course. (Cook with good wine, wine you would drink.)
• High acid foods are best with high acid wines. Tomato or citrus-based recipes call for white wines like Sauvignon Blanc or Riesling, or red wines like Pinot Noir and Chianti.
• Wine should always taste sweeter than food no matter which course you are considering.
• Spicy foods need off-dry, low-alcohol wines like Gewurztraminer, Pinot Gris or Riesling. While spicy foods intensify tannin and alcohol flavors in wine, proteins and fat soften tannins.
• The percentage of alcohol in wines varies greatly. Steer clear of wines higher than 14.5 percent, especially if you are preparing a recipe that has spicy heat.
• Wines that are produced in the same region as the food are often complementary.
• Sparkling wine is very food friendly and especially good with oily and fried food.
• The most important ingredient in every great recipe should be a glass of wine for the chef!

Here's to Good Ciao and Vino!

Tim O'Brien
Salty's Sommelier
Sommelier of the Year 2006,
Washington Wine Commission

Ora, qualche consiglio per la selezione dei vostri vini:

Ogni pasto è un'occasione per un nuovo esperimento. Venite anche voi e provate nuovi accoppiamenti di cibo e vino.

• Quando cucinate, tenete una bottiglia del vostro vino preferito a portata di mano. Vi servirà per dare quel sapore in più al vostro piatto.
• Se cuocete con vino, cercate di utilizzare lo stesso vino che consiglia la ricetta. I vini ad alta acidità sono migliori con i cibi salati e cibi acidi come pomodori e agrumi.
• I cibi acidi sono migliori con i vini acidi. Le ricette con pomodori o agrumi sono più buone con vini bianchi come Sauvignon Blanc o Riesling, o con vini rossi come Pinot Noir e Chianti.
• Il vino deve essere più dolce della pietanza. I cibi piccanti vogliono vini a basso tasso alcolico per evitare di dare maggiore risalto al cibo rispetto al vino.
• Vini e cibi prodotti nella stessa regione sono spesso complementari.
• Lo spumante è ottimo con i cibi fritti.
• L'ingrediente più importante è un bicchiere di vino per lo chef.

A Good Ciao e Vino!

Tim O'Brien,
Sommelier da Salty's
Sommelier dell'Anno nel 2006,
Commissione del vino di Washington

Thank You

I would like to express my heartfelt gratitude to all who contributed to this book. First and foremost, a big thank you to Roberto Russo for inviting us to join him on this publishing journey. It has been an exciting adventure that everyone has enjoyed. I would like to thank Eileen Mintz for introducing us to Roberto. If not for her, our friendship and this collaboration between Italy and the United States would not have happened. I would like to thank Mina Williams for her steadfast writing and editing support every single step of the way. To our very talented and treasured chefs Jeremy McLachlan, Gabriel Cabrera, Dana Cress and Jane Gibson for their beautifully delicious recipe contributions, thank you, thank you. To Tim O'Brien our fabulous award winning Sommelier for his wine contribution. To Cindy Smith for the beautiful cover and proofing, Celeste Stubner and Sandee Harvey for their hard work testing recipes. Thank you Ilya Moshenskiy, for his spectacular food photography of our Northwest chefs' creations. To our team members at all of the Salty's Restaurants for the hard work they do every day to ensure the happiness of our guests, you make it all happen. To our daughter Kate your constant support has encouraged me. Most of all I would like to thank my loving husband Gerry for his inspiration and vision, without which this book could not have been created. And to you, our readers thank you. It really is for you.

–Kathryn Hilger Kingen

Grazie

Vorrei mostrare gratitudine verso tutti coloro che hanno contribuito a questo libro. Prima di tutto, grazie a Roberto Russo per averci invitato a questo viaggio editoriale. A tutti è piaciuta quest'avventura. Vorrei ringraziare Eileen Mintz per averci presentato Roberto. Se non fosse stato per lei, la nostra amicizia e questa collaborazione fra l'Italia e gli Stati Uniti non sarebbe accaduta. Vorrei ringraziare Mina Williams per il suo sostegno durante la scrittura e l'edizione di questo progetto. Ai nostri chef dotati e predicetti Jeremy McLachlan, Gabriel Cabrera, Dana Cress e Jane Gibson per il loro contribuito di ricette bellissime e deliziose. Grazie. Grazie. A Tim O'Brien, il nostro sommelier favoloso e premiato per la sua collaborazione. A Cindy Smith, per la bella copertina e la correzzione delle bozze, ed a Celeste Stubner e Sandee Harvey per il loro lavoro di supervisione delle ricette. Grazie a Ilya Moshenskiy per le sue fotografie spettacolari delle creazioni dei nostri chef. Ai nostri compagni di squadra del ristorante i Salty's per il vostro lavoro che ogni giorno assicura la felicità dei nostri ospiti. Voi fate in modo che tutto ciò accada. Alla nostra figlia Kate, il suo sostegno costante mi incorragia. Nonostante tutto, vorrei ringranziare il mio marito affetuoso Gerry per la sua ispirazione e visione, senza delle quali questo libro non sarebbe mai stato creato. Ed a voi, i nostri lettori, grazie. Questo è veramente per voi.

–Kathryn Hilger Kingen

Salty's at Redondo Beach offers fabulous views of Puget Sound with glorious sunsets over the Olympic Mountains.

Salty's sulla spiaggia di Redondo gode di uno splendido panorama del Puget Sound con tramonti incredibili sopra le Olympic Mountains.

Salty's on the Columbia is anchored right on the river with sweeping views of the mighty Columbia and majestic Mt. Hood.

Salty's sul fiume Columbia gode di una splendida vista del maestoso Monte Hood (Cappuccio).

Salty's on Alki Beach offers spectacular views of the Cascade Mountains and the Seattle city skyline across the waters of Elliott Bay.

Salty's sulla spiaggia di Alki offre una vista spettacolare delle Cascade Mountains e lo skyline della città di Seattle sulla Baia di Elliott.

Grazie 191

Thank You

Grazie

This book is inspired by my passion for cooking and the faith put in me by the splendid Kathryn and Gerry Kingen, owners of one of the best restaurants on America's West Coast. I was able to cook there on a few occasions and acquaint myself with their client base that truly knows how to appreciate good food. This restaurant is, of course, Salty's, where amazing cuisine is paired with a view of Seattle's sublime skyline.

I must include a special mention of Margherita Bozzano who was an important part in the preparation of my first book published by the French publishing house *www.romain-pages.com*. The director of Romain Pages, a very special man, Jean Pierre Duval, gave me permission to use all the photos that he personally took of Parco Fiorito. He is an extraordinarily charming man with the great fortune to know three splendid women: Cécile, Anne and Penelope. I myself became good friends with Penelope and now she is living near me. You can see a photo of us together on page 11.

A special thank you goes to Corinne Pradier, an enchanting woman that every man with good taste would hold in esteem as the example of the perfect French woman. She is a woman of natural beauty and radiance. I met Corinne on an airplane going from Chicago to New York. I was coming from Seattle doing my usual culinary tour and she was visiting the West Coast doing research for her book on American desserts, which was later published by the same house that published my first book. It was her first time in New York, and since I had visited New York City many times, I was able to help familiarize

Questo libro nasce dalla mia passione per la cucina e dalla fiducia riposta in me da tante persone importanti che qui voglio ringraziare. Prima di tutti la splendida Kathryn e Gerry Kingen, proprietari di uno dei migliori ristoranti dell'America occidentale. Sono loro che mi hanno dato l'opportunità di mettere alla prova la mia cucina con i loro clienti più esigenti. Questo ristorante è, naturalmente, Salty's, dove un cibo incondizionatamente superlativo si abbina ad una sublime vista di Seattle.

Devo ringraziare particolarmente Margherita Bozzano che fu parte importante nella preparazione del mio primo libro pubblicato da www.romain-pages.com , casa editrice francese diretta da un uomo speciale, Jean Pierre Duval. Jean Pierre è stato così gentile da permettermi di utilizzare tutte le foto che lui personalmente aveva fatto a Parco Fiorito. Jean Pierre è un uomo affascinante che ha la fortuna di avere tre ragazze splendide: Cécile, Anne e Penelope. Io sono sempre stato "innamorato" di questa bambina meravigliosa. Potete vedere una foto di noi due alla pagina 11.

Il mio grazie speciale va a Corinne Pradier, una donna affascinante che ogni uomo ha come modello di donna francese, elegante nella sua semplicità e perfetta nella sua bellezza fisica. La incontrai la prima volta su un aereo tra Chicago e NY. Tornavo dal mio solito tour culinario a Seattle e lei era stata nel West degli Stati Uniti per un libro sui deserti che ha poi pubblicato con lo stesso mio Editore www.romain-pages.com. Corinne era per la prima volta a NY ed io ne approfittai per mettermi al suo servizio e farle da guida nella Grande Mela. Par-

her with the city. We spoke for about four hours until the shuttle left her at a Manhattan hotel 10 blocks away from mine. During that time she recounted her adventures and told me about the book that she intended to publish. I spoke to her about myself, my culinary career that constantly had me traveling all over the world and of my home and agriturismo at Parco Fiorito. It was Corrine who later recommended Margherita Bozzano and me to the publisher Jean Pierre Duval, who six months later asked to publish my cookbook! A special thanks goes to my editor, Paolo Villoresi, who has allowed me to publish this book. A sincere thank you goes to Marco Ausenda, president of Rizzoli International in New York, who introduced me to Paolo. From the moment I met Paolo, I rediscovered a new dimension of the concept of age. He lives with unparalleled enthusiasm and knows the culinary world better than few others ever could. It was Paolo who put me in touch with Martin Stiglio in Toronto as soon as he found out that I was going there for a workshop in May 2006. Martin Stiglio is also very special. He was formerly the head of the Italian Culinary Institute of Washington and today is the director of that institute in Toronto. Martin works tirelessly to spread Italian culture in Canada, where all of the Toronto opinion-makers try to maintain their "British style." Martin did an amazing thing for me. Having immense faith in my culinary abilities, he gave me the opportunity to prepare the menu for the "Tuscan and Umbrian Sun" Gourmet Dinner on October 24. This was a fundraiser for the scholarship fund for students participating in the Italian Culinary Program at George Brown Chef School, managed by John Higgins, a world renowned chef. This wonderful event took place at the school's restaurant. Like me, Martin is a lover of classical music, which made him accompany this lovely evening with the very beautiful voice of the mezzo-soprano Erin Elizabeth Smith, with Sabatino Vacca on the piano. I also thank them for their brilliant performance. I cannot go without mentioning that Erin had the great honor of participating in the "Young Artists Program" in Washington, created and directed by music god Placido Domingo.

I could continue to thank many others who have

lammo e ridemmo per 4 ore fino a quando lo shuttle lasciò Corinne ad un hotel di Manhattan poco lontano dal mio. Lei mi raccontò del suo viaggio avventuroso e del libro che intendeva pubblicare, io le parlai di me, di Parco Fiorito e della mia cucina in giro per il mondo. Fu lei a parlare di me all'Editore Jean Pierre Duval, che sei mesi dopo mi propose di pubblicare un libro con le ricette mie e di Margherita! Wow!

Un grazie veramente speciale va indirizzato al mio editore Paolo Villoresi, che mi permette di pubblicare questo libro. Un grazie sincero va a Marco Ausenda, presidente a NY della Rizzoli International, che me lo ha presentato. Quando ho conosciuto Paolo ho riscoperto una nuova dimensione del concetto età. Paolo vive tutto con grande entusiasmo, conosce come pochi il mondo della cucina, e mi ha messo in contatto con Martin Stiglio a Toronto dove sarei andato per un Workshop. Martin Stiglio è un'altra persona speciale: a Toronto come a New York e Washington si adopera con tutti i mezzi per promuovere la cultura italiana in una parte del Canada dove è di moda il British Style. Martin ha fatto una cosa straordinaria per me: mi ha dato fiducia e mi ha affidato la cura del Menu del "Tuscan and Umbrian Sun" Gourmet Dinner tenutasi per la raccolta fondi per gli studenti dell'"Italian Culinary Program". Questo speciale evento si è tenuto presso il Ristorante del George Brown College. La serata è stata allietata grazie a Martin Stiglio (che come me è un amante della musica classica) che ha ingaggiato la mezzo soprano Erin Elizabeth Smith, accompagnata al piano da Sabatino Vacca. Un grazie anche a loro e un "bravo" ad Erin che ha avuto il privilegio di partecipare al "Young Artists Program" di Washington, voluto e diretto dal mitico Placido Domingo.

Potrei continuare a dire grazie a tante altre persone che hanno avuto un ruolo importante nella mia vita.

Sempre restando nell'ambito musicale, un grazie ad Henk Wieman - pianista e autore - che mi ha invitato ad un suo concerto ad Amsterdam. Questo importantissimo signore, in una sala gremita, si è interrotto per parlare di me e disse che la mia terra aveva ispirato tutti i brani del suo ultimo CD "Into your Heart" Wow! Fui costretto ad

Even the long shadows of a late fall day after the olive harvest do not dim the warmth and hospitality that awaits guests at Parco Fiorito.

Perfino le ombre lunghe di um tramonto di tardo autunno, dopo la raccolta delle olive, non oscurano il calore e l'ospitalità che attende gli ospiti a Parco Fiorito.

blessed my life. One day I will do it!

I also would like to thank Henk Wieman, pianist and author. He invited me to his concert last September 30 in Amsterdam. He presented one of his pieces in a room so packed that there was not a single empty chair. He

alzarmi ed inchinarmi piu' volte agli applausi del pubblico. Grazie!

Un grazie sincero a Deborah De Maio e a Rem Malloy, madre e figlio titolari della *Italy4Real@com*, affermato Tour Operator che considera il Relais Parco Fiorito

opened by pulling me out of the crowd and saying that my country inspired the following piece as well as many others from his latest CD "Into your Heart." Wow! I was compelled to get up and bow several times to the crowd's applause. Thank you!

Sincere thanks to Deborah DeMaio and Rem Malloy, mother and son owners of *www.italy4real.com*, tour operators that consider Parco Fiorito a choice destination for its clients. Rem also introduced me to Larry Snyder who organized my first event as guest chef in Seattle. Thanks to Deborah, Larry met Jill and now they have a beautiful daughter named Daniela. Thank you Larry for giving me this first opportunity that led to meeting the stupendous couple, Kathryn and Gerry Kingen; you therefore, determined the release of this book. Thank you!

I would like to especially thank Elena Solitario, who manages with her son Jude and his partner Paul, a beauty salon called Salone di Bellezza (*www.piloarts.com* or 718-748-7411) in Brooklyn, New York. Elena always shows me exquisite hospitality in her Manhattan apartment and is always encouraging me along with the publication of this book. It was she who accompanied me on May 12 to the fabulous wedding of Jennifer Openshaw and Randy Schwimmer, who met during a stay at Parco Fiorito.

Sincere thanks to Helaine Zagaro at AlphaJTravel (718-837-0060). Helaine organized Elena Solitario's first trip to Parco Fiorito and continues to promote us.

A big thank you to Texans Michael and CB Lawrence (*www.travelplansintl.com*). They are true professionals who create exceptional packages for travelers and they always recommend my cooking classes.

A true thank you to Riccardo Strano, manager of the ENIT office in the United States and Canada. Riccardo, from his office in New York, is always nice, friendly and he always eases my tense job of promoting my activity and the territory in which I operate as President of the "Tuscan and Umbrian Sun" Tourism Consortium.

Thanks to my friend Peppe Mandara and his wife Alba from I.l.c. Mandara S.p.A. They graciously gave me all of the information regarding mozzarella written on page 142.

una meta privilegiata per i suoi clienti. Lo stesso Rem mi fece conoscere Larry Snyder che organizzò il mio primo evento a Seattle come Chef ospite. Grazie a Deborah, Larry incontrò Jill e con lui concepì in Toscana una bellissima figlia di nome Daniela. Grazie Larry per avermi dato questa prima opportunità, che ha fatto sì che conoscessi la coppia stupenda Kathryn and Gerry Kingen ed hai così determinato l'uscita di questo libro. Grazie!

Desidero ringraziare in modo veramente speciale anche Elena Solitario che gestisce con il figlio Jude e Paul un bellissimo Salone di Bellezza (*www.piloarts.com* (718-748-7411) a Brooklyn, NY. Elena mi offre sempre una squisita ospitalita' nel suo appartamento in Manhattan e mi incoraggia in ogni mia azione inclusa la pubblicazione di questo libro. Anche il 12 Maggio scorso mi ha accompagnato al favoloso matrimonio di Jennifer Openshaw e Randy Schwimmer che si sono incontrati a Parco Fiorito.

Un sincero grazie a Helaine Zagaro (AlphaJTravel, 718-837-0060). Helaine organizzo' il primo viaggio di Elena Solitario a Parco Fiorito e tuttora continua a promuoverci.

Devo molto anche ai texani Michael e CB Lawrence (*www.travelplansintl.com*); due squisiti professionisti che creano eccezionali pacchetti per viaggiatori altamente selezionati nei quali includono sempre i miei Corsi di Cucina.

Un vero grazie a Riccardo Strano, direttore dell'Enit, che da New York contribuisce molto gentilmente alla mia attività turistica e a quella del Consorzio "Tuscan and Umbrian Sun".

Grazie al mio amico Peppe Mandara, e a sua moglie Alba della I.l.c. Mandara* S.p.A. per tutte le informazioni sulla mozzarella di cui ho potuto parlare ampiamente a pagina 142. Peppe mi ha fatto conoscere Errico Auricchio. Errico coadiuvato dai figli Francesca e Gaetano, ha creato in America la Belgioioso Cheese, INC (*www. belgioioso.com*) con sede nel Wisconsin. Tutti i lettori americani che vorranno sapere dove trovare i formaggi indicati nelle ricette potranno telefonare al 920-863-2123, 877-863-2123 o invia-

Peppe introduced me to Errico Auricchio.

Errico, aided by his children Francesca and Gaetano, created BelGioioso Cheese, Inc. (*www.belgioioso.com*) with its headquarters in Wisconsin. All readers wishing to know where to find the cheeses in my recipes can call: 877-863-2123 or email: info@belgioioso.com. This will be a big help finding BelGioioso cheese in every corner of the United States. BelGioioso's mascarpone can be found at Wegman's, Shoprite, A&P, Pathmark, Shaw's, DeMoula's, Meijer's and Trader Joe's, to name a few.

A special thanks goes to Doumina Whyman, a woman of incredible, natural intelligence and a great sense of hospitality. Doumina, also from Seattle, organizes small groups of up to eight people and shares with them her passion for all things authentically Italian. She has helped me considerably in editing all of the texts, showing the preciousness of the translations of the two languages that represent two very different cultures. Doumina recently reminded me of a phrase from Saint Paul in a book by Paulo Coelho: "God hides the most important things from the wise because they are not able to understand simple things, instead he decides to reveal them to the simple at heart."

Before closing I want to mention Mark Strand, the poet laureate and Pulitzer Prize winner, who I had the honor and pleasure of meeting during his stay at Parco Fiorito. He came to Cortona to present his book of poetry, *The Future is No More than a Single Moment*. This book was dedicated to me, in which he wrote: "If the future contains Parco Fiorito, who cares if it isn't what it used to be?"

–Roberto Russo

re una mail a info@belgioioso.com. Questo sara' un valido aiuto per trovare i formaggi BelGioioso in ogni angolo degli States. Infatti la BelGioioso fornisce il Mascarpone a Wegman's, Scoprite, A&P, Pathmark, Shaw's, De Moula's, Meijer's, Trader Joe's solo per indicare dei nomi tra i tanti che qui assorbirebbero tutte le pagine del libro se li volessimo indicare tutti.

Un grazie super speciale va a Doumina Whyman, una incredibile donna di spiccata intelligenza con un grande senso dell'ospitalità. Doumina, anche lei di Seattle, organizza piccoli gruppi di massimo otto persone e condivide con loro la sua passione per l'Italia autentica. Doumina mi ha anche aiutato moltissimo a rivedere tutti i testi rivelandosi preziosissima nell'assolvere la traduzione di due lingue che rappresentano anche due diverse culture. Paulo Coelho ha recentemente citato San Paolo: "Dio nascose le cose più importanti ai saggi, perche' essi non riescono a capire ciò che è semplice, e decise di rivelarle ai semplici di cuore". Doumina mi fa pensare proprio a queste preziose cose nascoste.

Vorrei concludere con Mark Strand, una persona che mi ha colpito durante una sua visita a Parco Fiorito in occasione della presentazione del suo libro di poesie *Il futuro non è più quello di una volta*. Mark mi ha così dedicato il suo libro: "Cosa importa se il futuro non è più lo stesso, se porta con sè Parco Fiorito?"

–Roberto Russo

Recipe Index

Indice delle Ricette

View of the Relais Parco Fiorito Courtyard between Tuscany and Umbria

Vista Cortile del Relais Parco Fiorito tra Toscana ed Umbria

View from Salty's on Alki Beach in Seattle

Vista da Salty's sulla spiaggia di Alki in Seattle

BelGioioso®

Measurements and Conversion Table
Tabella di Conversione delle Unità di Misura

LIQUID/VOLUME

Metric	Imperial	Cups/Spoons
5 ml	$\frac{1}{5}$ fl oz	1 teaspoon
15 ml	$\frac{1}{2}$ fl oz	1 tablespoon
30 ml	1 fl oz	$\frac{1}{8}$ cup
60 ml	2 fl oz	$\frac{1}{4}$ cup
125 ml	4 fl oz	$\frac{1}{2}$ cup
150 ml	5 fl oz	$\frac{2}{3}$ cup
175 ml	6 fl oz	$\frac{3}{4}$ cup
250 ml	8 fl oz	1 cup
375 ml	12 fl oz	1 $\frac{1}{2}$ cups
500 ml	16 fl oz	2 cups

SOLID WEIGHTS/PESO

Metric	Imperial
15 g	$\frac{1}{2}$ oz
30 g	1 oz
50 g	1 $\frac{1}{2}$ oz
60 g	2 oz
90 g	3 oz
100 g	3 $\frac{1}{2}$ oz
125 g	4 oz
150 g	5 oz
185 g	6 oz
200 g	7 oz
250 g	8 oz
280 g	9 oz
300 g	10 oz
500 g	16 oz
1 kg	32 oz

OVEN TEMPERATURES/TEMPERATURE

Centigrade/Celsius	Fahrenheit
110	225
15-150	275-300
175	350
220	425
230	450